零基础 学做

电商直播·短视频制作·运营推广

徐 梅 傅冬晓 编著

U0314256

化学工业出版社
·北京·

内容简介

《零基础学做电商直播·短视频制作·运营推广》一书主要从电商直播和短视频制作两个部分进行讲解，通过图文的形式，将制作过程展现给大家。其中，第一部分电商直播，包括电商直播的筹备、电商直播的实践和电商直播的运营三章内容；第二部分短视频制作，包括短视频制作筹备、短视频制作实践和短视频运营推广三章内容。

本书采用图文解读的方式，让读者在轻松阅读中了解电商直播和短视频制作要领并学以致用。本书注重实操性，以精确、简洁的方式描述重要知识点，满足读者希望快速掌握电商直播和短视频制作的需求。本书可以作为教师培训用书，也可以作为读者自学的参考读物。

图书在版编目（CIP）数据

零基础学做电商直播·短视频制作·运营推广/徐
梅，傅冬晓编著. —北京：化学工业出版社，2023.8（2024.10重印）
ISBN 978-7-122-43400-5

Ⅰ.①零…　Ⅱ.①徐…②傅…　Ⅲ.①电子商务-网
络营销②视频制作　Ⅳ.①F713.365.2②TN948.4

中国国家版本馆CIP数据核字（2023）第077201号

责任编辑：陈　蕾　　　　　　　装帧设计：溢思视觉设计／程超
责任校对：王鹏飞

出版发行：化学工业出版社（北京市东城区青年湖南街13号　邮政编码100011）
印　　装：北京天宇星印刷厂
710mm×1000mm　1/16　印张14¹/₄　字数198千字　2024年10月北京第1版第2次印刷

购书咨询：010-64518888　　　　　　售后服务：010-64518899
网　　址：http://www.cip.com.cn
凡购买本书，如有缺损质量问题，本社销售中心负责调换。

定　　价：88.00元　　　　　　　　　　　　版权所有　违者必究

随着经济社会的持续发展，人才在市场竞争中的作用越来越凸显，特别是各种技能型的专业人才，已经成为助推经济社会和各类企业长足发展的中坚力量。

职业技能培训是我国由人力资源大国转向人力资源强国的重要载体，在以知识经济为主导的企业人力资源建设中发挥着越来越重要的作用。职业教育已成为我国社会主义现代化、工业化和生产服务社会化的重要支柱，并成为国民教育体系的重要组成部分。

当今社会，直播已经成为一种潮流，许多企业都以直播模式来带动企业发展，相对来说，企业成本也会降低，所以，直播电商服务技能的提升也是需要适应市场需求的。

直播电商并非突然兴起，而是电商演进过程的一种延续。直播电商是以直播为渠道来达到营销的目的，是数字化时代背景下直播与电商双向融合的产物。作为商业领域的新业态、新模式，近年来，国内直播电商呈现迅猛发展的态势。

直播电商的本质仍是电商，但其以直播为手段重构"人、货、场"三要素。与传统电商相比，它拥有强互动性、高转化率等优势。通过直播实时互动，商家实现了商品到消费者的高效触达，大大缩短了消费者的决策时间，刺激了消费需求的产生。直播电商缩短了"货"的传播路径。主播的赋能和供应链服务商的加入，缩短了商品从生产制造到消费者的途径，改变了消费者的购物模式。

而短视频是直播的一种基础，是当下极为火爆的互联网传播方式，其凭借年轻化、个性化等突出特点吸引了大批用户。从大趋势来说，电商领域里的短视频和直播，在产品宣传和销售过程中，已经成为非常重要的部分，而且作用占比会进一步增加。从就业角度来说，直播电商带动了一大批新的岗位和业态，如直播电商运营、直播电商主播、直播内容创作等基础岗位。

《"十四五"职业教育规划教材建设实施方案》指出,应加快建设新形态教材,推动教材配套资源和数字教材建设,探索纸质教材的数字化改造,形成更多可听、可视、可练、可互动的数字化教材,建设一批编排方式科学、配套资源丰富、呈现形式灵活、信息技术应用适当的融媒体教材。

基于此,我们编写了《零基础学做电商直播·短视频制作·运营推广》一书,本书主要从电商直播和短视频制作两个部分进行讲解,通过图文的形式,将制作过程展现给大家。其中,第一部分电商直播,包括电商直播的筹备、电商直播的实践和电商直播的运营三章内容;第二部分短视频制作,包括短视频制作筹备、短视频制作实践和短视频运营推广三章内容。

本书采用图文解读的方式,让读者在轻松阅读中了解电商直播和短视频制作要领,并学以致用。本书注重实操性,以精确、简洁的方式描述重要知识点,满足读者希望快速掌握电商直播和短视频制作的需求。本书可以作为教师培训用书,也可以作为读者自学的参考读物,也适用于电子商务专业的技能培训及中等职业学校电子商务相关专业学生使用。

由于笔者水平有限,书中难免出现疏漏之处,敬请读者批评指正。

编著者

CONTENTS 目录

第二部分　短视频制作

第一部分

电商直播

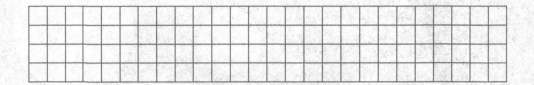

第一章

电商直播的筹备

第一节 选择直播平台

近年来,我国直播电商行业保持强劲势头,迅猛发展。淘宝、京东、拼多多"各显神通",不断巩固实力;后起之秀抖音、快手奋起直追。

一、淘宝直播平台

淘宝直播是阿里巴巴基于自身的电商资源推出的直播平台,定位于"消费类直播",直播商品涵盖范围广且用户购买方便。淘宝直播平台于2016年3月份试运营,初期只是手机淘宝的板块之一,依附于淘宝平台,吸引了大量的商家、供应链资源和强大的用户群体。2019年春节期间,淘宝直播正式上线独立APP,2021年1月升级后更名为"点淘"。

1. 淘宝直播用户规模

2022年7月,淘宝直播ONMAP联合艾瑞咨询发布了"2022淘宝直播年度新消费趋势报告",聚焦直播电商行业的发展趋势,结合平台一手资料,深度剖析了淘宝直播品类趋势、用户画像和内容发展趋势等。报告显示,截至2021年12月,电商直播用户规模4.6亿,占网民整体的44.9%,人数较2020年12月增长7579万,带来19.5%的年增长率。

数据显示,2021年度,淘宝直播人均观看时长增长了25.8%,淘宝直播上架货品件数增长了53%,为消费者提供了更多元的货品选择;淘宝直播的年度成交件数也以16.6%的速度增长。

图1-1为淘宝直播平台界面截图。

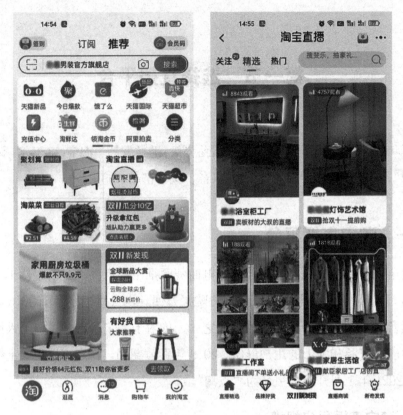

图 1-1　淘宝直播平台界面截图

2.淘宝直播用户偏好

2021 年，女装、美妆、珠宝、消费电子、食品、母婴、家居百货、家装、箱包配饰、男鞋女鞋成为淘宝直播间品类成交额 TOP 10。

具体来说，淘宝直播间的消费偏好为，男爱汽车家装、女爱女装箱包，而且代际、地域亦有差别，具体如表 1-1、表 1-2 和表 1-3 所示。

表 1-1　直播间消费男女偏好有别

性别	女性	男性
TOP 1	女装	汽车
TOP 2	箱包配饰	家装
TOP 3	女鞋	消费电子

续表

性别	女性	男性
TOP 4	美妆	户外运动
TOP 5	生活	教育

表1-2　直播间消费代际偏好有别

代际	60后及以前	70后	80后	90后	00后
TOP 1	教育	鲜花萌宠	文教	美妆	美妆
TOP 2	鲜花萌宠	汽车	母婴	数字虚拟	男装
TOP 3	家装	家装	汽车	生活	女装
TOP 4	食品	家居百货	家装	个护	食品
TOP 5	家居百货	珠宝	生活	男鞋女鞋	户外运动

表1-3　直播间消费地域偏好有别

地域	一线城市	二线城市	三线及以下城市
TOP 1	生活	生活	汽车
TOP 2	数字虚拟	数字虚拟	母婴
TOP 3	鲜花萌宠	个护	文教
TOP 4	手表眼镜	美妆	教育
TOP 5	珠宝	鲜花萌宠	家装

3. 淘宝直播平台的营销优势

淘宝直播平台具有图1-2所示的营销优势。

 品类多，保障强 依托淘宝平台强大的商品供应能力、用户数据分析能力、支付保障和售后保障体系，淘宝直播可以提供完整的用户运营链路及更有保障的物流服务

 专业互动 淘宝直播中主播发挥的功能和线下商场中的导购类似

图1-2

5

形态多样 在淘宝直播平台，除了常规"卖货"直播产生的 UGC（用户生成内容）外，淘宝直播官方也联合各行各业及电视台等，产出众多的 PGC（专业生产内容）节目，以满足用户对直播内容多样化的需求，增加用户对直播平台的黏性

图 1-2　淘宝直播平台的营销优势

二、京东直播平台

京东直播是京东推出的"消费类"直播平台（如图 1-3 所示），定位于"专业＋电商"，以轻松有趣的风格和专业的内容辅助用户作出消费决策，让观众在专业主播的推荐下买到自己真正需要的货品。

图 1-3　京东直播平台界面截图

2022 年的"双十一",京东直播通过"京东闪播""总裁价到""行业直播日""11.11 超级排位赛""城市 LIVE 生活节"五大"玩法",轮番上阵,让更多商家增加曝光量、提升直播转化率,如图 1-4 所示。

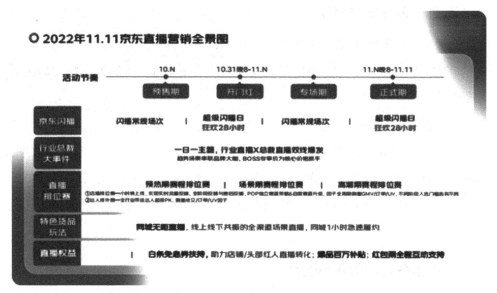

图 1-4 2022 年"双十一"京东直播玩法

三、拼多多直播平台

拼多多创立于 2015 年 9 月,其瞄准三四线城市对价格敏感的用户群体,凭借"社交裂变 + 低价爆款"的商业模式,在竞争激烈的电商领域迅速抢占了一席之地,并于 2018 年 7 月在美国纳斯达克证券交易所正式挂牌上市。2020 年 1 月 19 日,拼多多直播正式上线。

目前,拼多多直播频道入口位于拼多多首页下方的位置,推荐的直播内容以用户关注和用户购物偏好为主。

1. 拼多多的用户规模

根据拼多多发布的 2022 年第一季度财报,截至 2022 年 3 月 31 日,拼多多年活跃买家数达到 8.819 亿,同比增长 7%;第一季度,拼多多 APP 的平均月

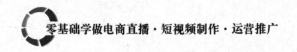

活跃用户数达到 7.513 亿，同比增长 4%。

这样的用户规模和增速，体现了拼多多"百亿补贴"的营销策略及商业模式对用户的吸引力，也在一定程度上体现了广大用户对拼多多的黏性在不断增强。

2. 拼多多的用户属性

在性别上，拼多多用户中女性占比较大，一部分原因在于，女性用户对于低价购物更敏感；另一部分原因是，女性用户会更多地负责家庭购物，购物需求更旺盛。

在年龄上，25～35 岁的用户占比最大，这部分用户的显著特征是处于职场的上升期与婚姻家庭的组建期。这个年龄段正是用户消费需求的旺盛时期，同时用户的经济积累也相对薄弱。但这并不意味着拼多多的用户缺乏购买力。拼多多的用户中，也有较多的中高消费群体，其中中等消费水平群体占比已超过 50%。

3. 拼多多直播的营销优势

拼多多自下沉市场起家，早期用户多数来源于微信生态内体量庞大且未接触过电商领域的群体。在下沉市场中，拥有强大的用户基础。而如今，阿里巴巴和京东也都在挖掘下沉市场。

比如，淘宝推出"淘宝特价版"，以获取三四线城市的新用户；京东先是推出了以低价拼购业务为核心的社交电商平台"京喜"，随后又选择与用户重复度较低的快手签署了战略合作协议，让快手用户无须跳转，即可在快手小店购买京东自营的商品。

因此，在直播营销中，若销售的商品是能抓住下沉市场用户的低价商品，拼多多直播会是一个很好的选择。

四、抖音直播平台

抖音是一款音乐创意类短视频社交软件，用音乐创意表演等内容打开市场，得到了大量用户。基于庞大的用户基础，抖音在直播营销行业占据着头部平台的位置。

在抖音软件中，用户可以选择自己喜爱的音乐和特效，拍摄出自己的短视频作品。而平台会根据用户的爱好，结合抖音自身的算法，向用户推送其喜爱的短视频。

1. 抖音平台的特点

抖音平台具有用户众多、模仿类内容盛行、电商模式完善、注重打造"沉浸式"用户体验和爆款为王五个主要特点。

（1）用户众多

截至 2021 年 12 月，抖音的月活跃用户数已超过 9 亿，是国内月活跃用户数最多的短视频 APP。抖音的用户主要以一二线城市的年轻人为主，大量的城市年轻人都把抖音作为自己的消遣工具，而抖音则通过这些用户赚取高额的广告收入。不过近年来抖音也一直在向下沉市场发展，内容类型越来越大众化，时至今日，用户特征已经不是十分明显。

（2）模仿类内容盛行

在抖音中我们可以看到大量的模仿类内容，常见的有同一首音乐、同一个动作、同一个特效、同一个角色或同一句台词。这是抖音内容领域的一大特色，正是这种模仿，使得一些话题和事件爆红全网，成就了很多内容创作者，也为抖音带来了很多新的用户。

（3）电商模式完善

抖音电商有着很完善的体系，从边看边买的展示方式，到商品橱窗中展示，再到与第三方店铺关联，打通了整个购物生态，让用户能在抖音中畅通无阻地购买商品。此外，直播带货模式的兴起也给抖音电商增加了新的玩法，既丰富了用户的购物选择，也增加了账号运营商活动的可选项。

（4）注重打造"沉浸式"用户体验

抖音采用了"霸屏"的模式，让用户的注意力完全被视频内容所吸引，同时，抖音中没有时间提示的内容，用户往往会沉浸在短视频中，形成"抖音 5 分钟，人间 1 小时"的效果。为了加深"沉浸式"的用户体验，抖音界面设计得极为简单，

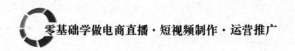
用户打开 APP 就可以浏览视频，滑动手指是用户唯一需要进行的操作，使得用户体验很好。

（5）爆款为王

比起普通的视频，抖音更愿意向大众呈现反响良好的爆款视频，因为这一类视频更受用户欢迎，更能获取用户好感度和用户黏性。也就是说，运营者如果能制作出爆款视频，那么他的账号就能获得很大的收益。

2.抖音直播平台的营销优势

综上所述，抖音直播平台具有图 1-5 所示的三个营销优势。

> **优势一** **潜在用户多**
>
> 抖音凭借内容分发机制的优势和优质的短视频内容，成为短视频用户最常用的软件之一，在各个年龄段、性别及地区都拥有大量的忠实用户群体，用户使用时长也在不断增加。这意味着，在抖音平台进行直播营销，将获得更多的潜在流量

> **优势二** **能够精准投放**
>
> 抖音直播平台能够利用用户画像分析用户的兴趣爱好，进行有针对性的推送，减少对不相关用户的干扰，找到精准用户

> **优势三** **直播运营计费灵活，店铺投入成本低**
>
> 抖音平台的直播运营计费方式灵活。在抖音平台上进行直播营销，只需开通橱窗，就可以在直播间卖货，不需要在开设店铺上投入大额资金

图 1-5 抖音直播平台的营销优势

五、快手直播平台

相关数据显示，截至 2022 年 6 月，快手万粉创作者人数超过 200 万，同比增长 40.8%；2022 年第二季度，快手平台发布作品数量同比增长 40.5%，作品总收藏量同比增长 482.5%。从平台来看，快手私域流量和创作者活跃度都很高。

此前，快手电商针对"招商团长"，推出短视频流量激励政策及"短视频爆款池"活动，意在推动"招商团长"发挥协同协作能力，为主播提供优质商品及流量扶持，进一步推动新主播成长。

综合来看，"公域＋私域"的双轮驱动，不仅推动快手建立更高效、稳定的运营体系，也为新加入的主播提供了更全面化、系统化的直播培训体系。

毋庸置疑的是，直播既是快手商业变现的重要渠道，也是快手积极推进的主要方向。此时的快手，对有想法、有能力、有需求的创作者来说，有十足的吸引力。

除了以上的平台生态影响力，快手直播平台也具有其独特的优势。

1. 快手可以精准把控私域流量，用户黏性更高

快手建立的是"家族式"成员体系，这种模式不仅有着细致化的分工、明确的侧重点，还融入了MCN（多频道网络）机构运营方法，是专属快手内容创作者的"家族模式"。

这种"家族模式"能精准把控私域流量，将内容、用户、交易打造成一个完整的商业闭环，使用户信任和黏性更强、商业价值更高，给快手带来极大的竞争优势。

除此之外，这种基于社交的模式更具人情味、更加人性化，主播和用户之间的牵绊更深，因此，用户观看直播和参与互动的频率也会大大提高。

这对新主播来说，不仅省去了很多账号运营时间，起步速度也更快了。

2. 快手主播的流量起点很高

快手科技发布的2022年第二季度财报显示，快手的月活用户达5.9亿，较去年同期5.1亿增长15.7%；日活用户达3.47亿，较去年同期2.93亿增长18.4%，创造了历史新高；每个活跃用户的日均使用时长达到128.1分钟，同比增长29%。

如此优秀的用户量、使用时长及增长率，对新加入快手的主播来说，极其有利。

3. 快手变现方式丰富, 内容创作空间大

财报显示, 快手在线营销服务收入由上年同期的 100 亿元增加至 2022 年第二季度的 110 亿元; 直播业务收入由上年同期的 72 亿元增加至 2022 年第二季度的 86 亿元; 其他服务收入由上年同期的 20 亿元增加至 2022 年第二季度的 21 亿元。2022 年第二季度各收入的贡献占比分别为 50.7%、39.6% 和 9.7%。

从中不难看出, 快手不只直播打赏收入占比很高, 广告和电商等方面的收益都十分理想, 这对有意向加入快手的主播来说, 诱惑力非常大。

 相关链接

新手如何选择直播带货平台

当消费端的行为习惯和偏好发生变化时, 行业各方也会灵敏捕捉潜在的商业机会和业务定位, 快速适应消费端变化, 组建新的增长线。在此环境下, 直播行业如沐春雨般地野蛮生长。除专业垂直直播平台外, 短视频、社交、电商、综合视频等平台也纷纷布局直播业务。对于想开展线上直播营销的品牌来说, 在决定直播时, 反而面临着选择平台的难题, 比如平台调性匹配、用户匹配、流量推荐、内容制作和主播选择等。

如今, 直播平台的发展已呈现出三大梯队, 如下表所示。

直播平台的三大梯队

梯队	直播平台	平台调性
第一梯队	淘宝	商家、主播带货直播
	抖音	达人主播娱乐、带货
	快手	达人主播娱乐、带货
第二梯队	微博	微博 KOL(关键意见领袖)、达人主播娱乐
	拼多多	商家店铺直播带货
	西瓜视频	达人直播带货

续表

梯队	直播平台	平台调性
第二梯队	京东	商家店铺，联合明星 KOL 带货
	小红书	分领域 KOL、明星直播带货
	哔哩哔哩	UP 主（上传者）带货
第三梯队	虎牙直播	游戏直播互动为主
	花椒直播	生活内容直播分享
	斗鱼直播	全民游戏直播平台
	YY	游戏直播互动为主
	苏宁易购	商家店铺直播带货
	蘑菇街	女性电商、买手直播带货

对于新手来说，在选择直播平台时应关注以下几点。

1. 考虑平台背景

想在一个平台长期入驻，必须充分了解该平台，除了表面上看得见的平台流量、带货模式，还应知道分成方式、流量来源、流量年龄段等。尽量选择与自己的特性、产品的特性高度吻合的平台。

2. 找准平台定位

现在的带货平台基本已经有了定性，比如：淘宝具有电商特性，各大直播平台的电竞属性非常强。要看自己更适合哪一类，就像游戏主播，他们会选择虎牙、斗鱼等平台进行直播，大家肯定没有在淘宝直播里看过他们打游戏。

3. 考虑平台发展

每个平台的政策不同，扶持计划也不同。拿抖音来说，每隔一段时间，扶持的项目就会有一些更改，这样也是为了更好地迎合市场、迎合人群。作为新手主播，要尽量看到这些平台的发展趋势、扶持政策，这样才能更好地生存下去。

第二节　搭建直播场景

如果说主播和内容是整场直播的主角，那直播间场景则扮演着最佳"绿叶"的角色。直播间视觉效果呈现得好坏对直播的效果有着至关重要的影响。

一、直播间的类型

直播间大体可以分为两种类型：实景直播间、虚拟直播间。

1. 实景直播间

实景直播间就是实际搭建一个场景进行直播，比较常见的有明星直播间、座谈会等。这类直播对场地、设备的要求比较高。

2. 虚拟直播间

虚拟场景直播是运用影视行业的色键抠像技术，将蓝、绿幕实时扣除，再实时置换成理想场景的一种直播技术。

虚拟场景对于中小型客户和刚接触直播的客户有更明显的优势。

首先，无须实景搭建。虚拟场景用电脑制作，便捷、成本低。

其次，虚拟场景换景更容易。实景直播间搭建完成后，想要换景，就得重新装修，是一项复杂的工程；而虚拟场景可实时切换，完全能做到一物一景，并根据货品种类进行选景。

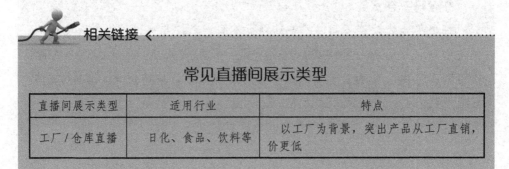

相关链接

常见直播间展示类型

直播间展示类型	适用行业	特点
工厂/仓库直播	日化、食品、饮料等	以工厂为背景，突出产品从工厂直销，价更低

续表

直播间展示类型	适用行业	特点
半无人直播	珠宝首饰等小配件	适用于需要特写的小商品
坐姿半身直播	日化、母婴、食品、饮料、美妆个护	便于展示产品及主播模拟使用产品的过程和效果
站姿半身直播	家纺、服装等行业	用于展示商品与整体场景，特别是家纺类商品，能更好地展示使用场景
站姿全身直播	鞋服	能完整展示主播全身效果，特别是下半身的服饰等

二、直播间的分区

一个合格的场景布置，应该具备三个部分：主推区、产品区、道具区。

1. 主推区

主推区，顾名思义就是本场直播主推商品的摆放区域，也就是展示区。展示区的核心作用是突出主播讲解及展示的产品。

2. 产品区

所谓产品区，就是在主播展示区以外，通过货架陈列等方式向用户展示其他商品的区域。

小提示

再优秀的直播间，也无法保证主推产品一定是观众喜欢的。产品区的划分，不但能延长观众在直播间的停留时间，还有利于加强直播间的转化。

3. 道具区

直播间转化是一个打单、逼单、踢单的过程。当我们介绍完商品后，大部分人并不会在宣布价格的那一刻就下单。这时就需要有道具区，用于增强品牌信任度，告知福利活动。直播转化率和直播间场景的设计也是息息相关的。视觉感受好的直播间更容易吸引用户停留。相反，如果直播间的设计过于压抑，给用户的视觉感受很差，就很难留住用户。注意：要想打造一个视觉效果好的直播间，我们除了要具备场景搭建的基础知识外，还要从装饰、构图、灯光等多个方面进行设计。

三、直播间的背景装饰

带货主播在进行直播带货的时候，一定不能忽视背景墙的设计。好的直播间背景，往往能提升粉丝的观看体验，而且，在直播背景中还可以适当添加一些和直播相关的元素，让直播效果更上一层楼。

1.背景布的选择

直播间背景布可以选择广告耗材背景。现在网上有很多背景都是虚拟出来的，比如，你家里本来没有书柜，可利用3D技术给背景印上书柜，看起来就像是真的一样。

如果直播的时候需要在背景上展示活动内容，或者展示直播间的品牌logo，可以通过定制广告背景布来实现。

除了广告背景，我们还可以使用纯色背景布，一般会选择涤棉混纺的材质，比如，一些婚纱摄影店拍照的背景布就是这种类型，其不透光、不反光，拿来拍照、抠图都行。

如果要考虑吸光的问题，想让整个直播画面更纯净，主播和产品更突出，纯色背景布就要选择植绒的。它的缺点是容易沾灰尘，我们得准备一卷可撕粘尘纸，时常打理一下。

以上这些都是背景布的选择材质，当然也可以直接用直播间的墙体作为背景，前提是直播间背景墙以简洁、大方、明亮的浅色或纯色为主。

小提示

　　灰色是摄像头最适合的背景色，它不会曝光，视觉舒适，有利于突出服装、背景色、妆容或者产品的颜色。尽量不要用白色背景，那样容易反光。还可以使用虚拟背景图来增加直播间的纵深感。

2. 装饰点缀

　　如果直播空间很大，为了避免直播间显得过于空旷，可以适当放一些室内小盆栽、小玩偶之类的，布置得不要过于复杂、奢华，干净整洁即可；也可以在墙上挂一幅水彩画或风景画，素净而文雅，让直播间看起来充满艺术气息。

　　如果想让直播间看起来更有活力，也可以在直播背景中放置一些绿植来提升直播间的气氛。比如仙人球，不仅有清新空气的作用，对视觉也有好处。

　　如果是节假日，可以适当布置一些跟节日气息相关的东西，或者配上节日的妆容和服装，来吸引观众的目光，提升直播间人气，比如，开学季、旅游季、吃货趴、七夕专场等节日类型的直播。

　　总之，不要忽视一些点缀，多在细节上下功夫，往往会起到事半功倍的效果。

3. 陈列货架

　　直播间背景除了使用背景布之外，也可以是陈列的产品。

　　服饰类的直播间背景可以摆放模特，但最好不要超过2个，因为直播空间本来就不大，陈列模特太多，容易喧宾夺主，而且会占据主播展示活动的空间。

　　不同于使用模特的服装类直播，美妆类直播间背景最好放置展示柜，既能体现出层次感，也方便推荐直播产品，同时，还能增加直播间的专业度，让用户产生更多信任感。

4.地面布置

直播间地面的设置是最容易被忽略的背景，但是它的作用却非常大。直播间地面可以选择浅色系地毯、木地板，这适用于美妆、服饰、美食、珠宝等展示；或者使用一些北欧风、绒布地毯，增加直播间的高级感，提升格调。

四、直播间的光线布置

一个好的直播间除了适当的装饰和合理的规划外，最重要的就是布光，为什么有的主播看上去那么白皙透亮，而有的主播看上去却暗淡无光呢？这些都是布光造成的，暖光会给人一种温暖舒适的感觉，而冷光会给人一种没有感情、清冷的感觉。

1.直播间光源的分类

直播间光源主要分为表1-4所示的几类，灯光布置如图1-6所示。

表1-4 直播间光源的分类

序号	分类	作用
1	主光	主光是映射外貌和形态的主要光线，承担着主要照明的作用，可以使主播脸部受光匀称，也是灯光美颜的第一步
2	顶光	顶光是次于主光的光源，从头顶位置照射，可给背景和地面增加照明，同时加强瘦脸效果
3	辅助光	辅助光是辅助主光的灯光，可增加整体立体感，突出侧面轮廓
4	轮廓光	又称逆光，从主播的身后位置照射，勾勒出主播轮廓，可以起到突出主体的作用
5	背景光	又称环境光，主要作为背景照明，使直播间的各点照度都尽可能统一，同时让室内光线均匀。但需要注意的是，背景光的设置要尽可能简单，切忌喧宾夺主

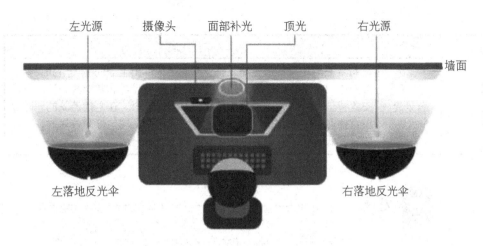

图 1-6　灯光布置示意图

2. 直播间光源的布置

不同角度和不同组合的灯光会创造出不同的光影效果，如表 1-5 所示。

表 1-5　直播间光源的布置

序号	分类	布置说明
1	主光	应放置在主播的正面，与视频摄像头上的镜头光轴成 0～15 度夹角，从这个方向照射的光线充足均匀，使主播的脸色柔和，起到磨皮美白的效果。但是主光的缺点是，从正面照射时会没有阴影，使整个画面看上去十分平板，欠缺层次感
2	顶光	从主播上方照下来的光线，可产生浓重的投影感，有利于轮廓的塑造，能起到瘦脸的作用。需要注意的是，顶光离主播的位置最好不要超过两米。顶光的优点很多，但缺点是容易在眼睛和鼻子下方形成阴影
3	辅助光	从主播左右侧面呈 90 度照射，左前方 45 度照射的辅助光可以使面部轮廓产生阴影，打造立体质感。从右后方 45 度照射的辅助光可以使后面一侧的轮廓被打亮，与前侧光产生强烈反差，更有利于打造主播整体造型的立体感和质感。但要注意光比的调节，避免光线太亮使面部出现过度曝光和部分太暗的情况
4	轮廓光	应设置在主播身后的位置，形成逆光效果。从背后照射的光线，不仅可以使主播的轮廓分明，还可以将主播从直播间背景中分离出来，突出主体。作为轮廓光，一定要注意光线亮度调节，如果光线过亮，会直接造成主播身后佛光普照的效果，使整个画面主体部分过黑，同时，摄像头入光会产生耀光的情况，使用不当，容易引起反作用

19

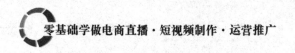

续表

序号	分类	布置说明
5	背景光	将主播的轮廓打造完毕后，直播间会呈现出主播的完美肌肤，但心细的用户会发现，精心装修的直播间背景会显得非常黯淡。这时需要安置背景光，它的作用是均匀室内的光线效果，在主播美肤的同时保留直播间的完美背景。但需要注意，背景光是均匀灯光效果的，因此应采取低光亮、多光源的方法布置

小提示

　　以上这些灯光是一个直播间必不可少的设备，每个灯光都各有优缺点，配合使用可以互相弥补。调光的过程非常漫长，需要耐心调试，才能找到适合自己的灯光效果。

五、直播设备的配备

好的直播设备是确保直播画面清晰、直播内容稳定生成的前提。在直播筹备阶段，直播团队需要对手机、摄像头，以及直播平台、直播软件进行反复调试，以达到最优状态。

1.硬件的配置

目前，直播的主流设备是手机。直播团队只需在手机上安装直播软件，即可通过手机摄像头进行直播。使用手机进行直播，需要准备至少两台手机，并且在两台手机上同时登录直播账号，以备不时之需。不过，受手机电池电量、网络信号等因素制约，直播团队使用手机进行直播时，还需要借助电源、无线网络、支架、补光灯、收音设备、提词器、相机等辅助设备进行优化。

2.软件的调试

直播团队还需要对直播平台、直播 APP 等进行初步设置及反复测试，以免因操作不熟练或软件自身问题而在直播现场出现失误。

（1）直播平台设置

未经设置的直播间，用户进入后可能无法直观地了解直播内容，很容易造成用户流失。为了提升用户的留存率、减少现场跳出率，在选择直播间类别后，直播团队需要对直播间封面、直播第一幕画面进行设置，以满足直播需求，如表 1-6 所示。

表 1-6　直播平台设置

序号	组成	具体说明
1	直播封面信息	直播封面是用户进入直播间之前了解直播内容的窗口，好的直播封面可以提升直播间关注度。直播封面信息包括直播主题、直播时间、直播商品名、主播等，直播团队具体可以根据直播平台规则及活动需求进行设置，以达到让用户准确抓住直播核心信息的目的
2	直播第一幕画面	直播团队应保持直播封面与直播第一幕画面的相关性，防止用户因直播封面进入直播间后发现内容与直播封面不相关而产生心理落差。直播第一幕画面尤为重要，应避免在直播前几分钟总是显示与直播内容无关或不和谐的杂乱画面

（2）直播 APP 测试

在直播开始之前，直播团队需要对直播 APP 进行反复测试，确保能熟练操作，不发生操作失误。

直播 APP 的测试内容主要由表 1-7 所示的两部分组成。

表 1-7　直播 APP 的测试内容

序号	内容	具体说明
1	主播视角	主播视角的测试包括许多操作，如直播间介绍、封面设置、直播预告、录制权限设置、直播间送礼等付费功能的开启或关闭、直播可见范围设置、语音评论权限设置、敏感词设置、管理员设置、红包发放权限设置、观众匿名设置等，这些功能都应在主播开播前按需设置完成
2	用户视角	主播需要以用户身份注册直播账号，并进入直播间观看，从普通用户的角度观察直播界面，如果发现问题，需要及时优化。用户视角的测试比较简单，主播进入直播间后可以查看直播画面、声音、弹幕等情况，确定都没有问题后，即完成测试

第三节　打造主播人设

一个优秀的带货主播是整个直播间的基调和中心，他们不仅要能说、懂货，有强大的自信心和气场；还要有自己鲜明的主播人设。人设是主播的"记忆点"。在用户不了解的情况下，主播需要通过鲜明的人设让用户产生印象、留下记忆。

一、主播人设打造的步骤

1. 我是谁

介绍自己的职业或者擅长的领域，以及能提供什么样的服务，例如"我是从事美容行业六年的店主"。

2. 面对谁

面对的消费者有不同的年龄、收入、消费能力、性格等，粉丝画像决定了我们的选品和价格，比如，有些主播会说"我们家主要卖的是 18 ~ 24 岁的女生衣服"。

3. 我能提供什么产品或服务

我的核心竞争力是什么，是产品价格低，还是产品品质好？比如，强调"买一件也是批发价"，打造一个厂家人设。

4. 解决消费者的什么问题

比如说"关注我，护肤路上不走弯路""关注我，每天一套小个子穿搭技巧"。

二、主播人设打造的维度

一个完整的人设打造不是一蹴而就的，需要从以下维度出发，分别是账号信息、直播内容。

1. 账号信息

账号信息包括头像、昵称、背景图、个人简介这四个信息，一定要跟账号基调相同，让别人一眼就能看出这个账号是做什么的。

（1）蓝 V 账号

蓝 V 账号其实是非常有优势的，如果你的店有营业执照，会让人有一种信任感。

蓝 V 账号的名称可以直接用店名，也可以打造一个老板娘的人设，比如，"女装店老板娘亲自上阵""×× 在杭州开服装厂"，主要是为了突出一手货源的优势。

（2）个人号

个人号可以用一些励志的名称，比如"在大城市打拼的逆袭 ××""双人出镜打造奋斗夫妻店""破产姐妹店""闺蜜创业店"等，会让人产生心理认同感。

也可以直接在账号名称上标明主播的特征，比如，"140 斤的小花""135 斤的甜茶（个人号）""150 厘米的小栗子"等，可以非常好地强化主播人设和特征，并且精准锁定用户。

2. 直播内容

我们打造的是带货主播的人设，所以直播内容对于人设的打造也至关重要。

直播间卖什么产品？直播间的背景打造成什么样？主播穿什么衣服？主播话术怎么设计？这些都非常重要。

其中，主播话术的设计是最重要的一点，很多新人主播因为不会说话，在镜头前面支支吾吾，显得非常不专业。

主播一定要在直播过程中不断强化自己的人设特征，而且要养成固定开播的习惯。每天在同一个时间段直播，可以培养用户的生理习惯。

小提示

　　人设的建立需要不间断的输出，不是说发一条视频、改个账号和名称，人设就建立起来了。作为主播，千万不要在直播间去模仿别人，要做自己，保持真实。

 相关链接

具有带货能力的主播人设类型

1. 导购促销类：提供专业的消费意见

　　直播卖货归根到底是一种交易行为。也许会有一时的冲动消费、一部分吃瓜群众，但最后还是要回归交易的本质——交付商品。

　　导购促销类人设的核心就是击中用户的真实需求，快速、准确甚至超预期地匹配用户需求。比如，有着多年化妆品线下柜台销售经验的主播，在用户提出购买化妆品的需求后，可以快速从价格、品牌、肤质等多个角度给用户提供专业的消费推荐。

　　这种人设最大的价值在于帮助用户缩短消费决策时间，当用户产生信任后，可以"无脑"地跟随主播推荐，形成强大的购买力。

　　以某模特直播间为例，在日常直播中，主播们会轮流上阵，介绍衣服的颜色、款式、适用身材以及一些小设计，为用户提供相对专业的建议。

　　要想打造导购促销类人设，主播必须对产品卖点和用户需求非常了解。这样一方面能从价格、品牌、竞品等多个角度说明产品卖点；另一方面能从用户的消费场景、心理需求等角度匹配合适的商品。

　　这种人设的局限性在于，主播所推荐的商品必须是极具性价比和专业度的，一旦推荐出错，则人设崩塌。

2. 技能专家类：靠专业为用户赋能

　　随着商品种类的极大丰富，部分商品具有强意见领袖驱动的属性，需要美容师、穿搭师、健身达人等专家类角色帮助用户完成消费决策和商品消费。

　　技能专家类人设最核心的就是产品背书和用户赋能，专家身份让产品更可信，专业技能让用户更受益。

　　比如，售卖蜂蜜等保健食品，营养师主播可以详细介绍产品的营养成分和保健效果；售卖面膜等护肤类商品，美容师主播可以传授用户护肤技巧。

　　这种人设的最大价值就是打消用户的消费顾虑。尤其对于高客单价商品、专业类商品、食品类商品，专家角色具有天然引领性。

　　以当当网官方旗舰店为例，每次店铺直播都会请书籍作者或者相关领域专家，分享一些专业知识，既是对售卖书籍的背书和介绍，又是对用户的赋能，让用户能更加了解书籍。

　　要想打造技能专家类人设，主播本身必须具备硬干货、真实力。商家一方面可以直接聘请具备相关资质证书的行业专家，另一方面可以通过主播持续的专业知识分享来打造专家形象。

　　这种人设的局限在于，投入成本比较高，不是可以随便打造的。同时专家类主播往往局限于某一领域，很难跨界带货。

3. BOSS店长类：品牌人格化

　　在现在这个社交媒体时代，用户越来越倾向于和品牌直接对话，表达自己的喜爱和愤怒。老板企业家是品牌人格化的最好载体。

　　BOSS店长类人设的核心就是营造一种平等感，让用户可以直接对话老板。比如，董明珠、身家亿万的企业家在直播间"与民同乐"，会让用户有种被尊重的感觉；一些淘宝店铺的店长亲自上阵直播，打造了一种信任感，不论是产品质量还是活动优惠，用户都可以直接找店长。

　　这种人设的最大价值就是提升用户的信任感，让用户有途径直接对话老板，需求和问题都可以快速得到解决。

　　以董明珠直播卖货为例，重要的不是董明珠说出了多么专业的产品介绍或者有趣的段子金句，而是她的出现本身——用户会因为老板的出现更加放心。

　　要想打造BOSS店长类人设，主播在直播间必须是非常具有话语权的，可以直接解决用户的问题，包括可以直接给用户免单、降价等优惠福利。

这种人设的局限则在于，要么老板亲自上阵，要么给主播充分授权，否则人设很难立起来。同时亲近感和权威感需要拿捏好，否则会对品牌本身造成损害。

4.达人类：增进用户情感

对于部分用户来说，消费不仅仅是为了满足物质需求，还有精神需求。消费本身代表了用户对美好生活的期待和向往。

达人类人设的核心就是成为用户的理想化身，进而与商品相关联，让商品成为用户理想的载体。比如，买一条裙子，除了单纯好看，还代表了买裙子的女生的性格；购买健身产品，意味着消费的人生活健康、严格自律。

这种人设的最大价值就是和用户产生情感共鸣，增加产品溢价，形成品牌护城河，降低用户对价格、品质以及其他产品属性的敏感度。

要想打造达人类人设，主播必须既有内容又有趣；既有专业知识，又能讲故事段子；既能对产品如数家珍，又有自己独特的消费主张。

这种人设的局限则在于达人的不可控性。一方面，没办法标准化复制达人；另一方面，具有强烈个性色彩的主播有极大的流失风险。

三、主播人设打造的方式

要想成功打造主播人设，需要"立得住"。让人设"立得住"，还需要通过图1-7所示的几种方式积极渲染主播人设。

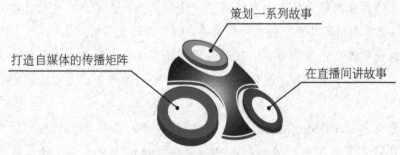

策划一系列故事

打造自媒体的传播矩阵

在直播间讲故事

图1-7　渲染主播人设的方式

1. 策划一系列故事

主播可策划一系列能够表达人设的故事。这样的故事应包括图1-8所示的内容。

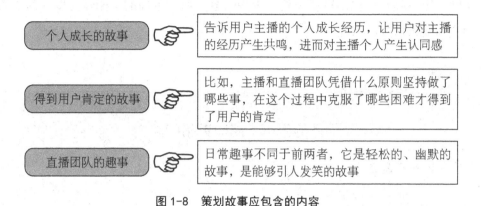

图 1-8 策划故事应包含的内容

2. 在直播间讲故事

主播可在直播间讲故事，并加入自己的观点，通过引起用户的情感共鸣，渲染自己对生活的态度。所讲的故事可以是图1-9所示的类型。

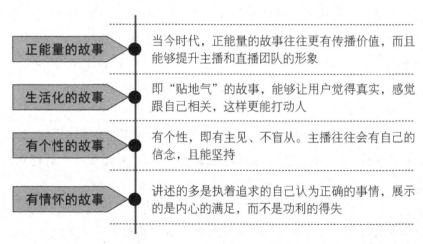

图 1-9 在直播间讲故事的类型

3. 打造自媒体的传播矩阵

对主播人设的宣传，直播团队不需要局限在直播间，可以利用与直播间相关联的微信公众号、微博、抖音、快手、社群等对主播人设进行包装和造势。要想大幅度提高直播间人气，就需要为主播在各个平台打造一个系统化的传播矩阵，定期频繁地输出符合主播人设的内容，增加主播的全网曝光度，为主播的直播间积累流量基础。

 相关链接

优秀的带货主播应具备的能力

1. 对产品充分了解

直播模式下与消费心理直接挂钩的不是主播，而是产品。对于主播们来讲，基本职能是向消费者展示产品、"种草"产品。

不同于流量明星的直播间，带货主播的粉丝更多的是从产品出发，而非主播本人。知名的带货出身的主播，也是通过货物的价格、质量、优惠等积累起人气，才拥有了当前的"名人效应"。

因此，充分了解产品的性能、衍生功效、市场标准价格等，才是引导用户产生购买行为的核心驱动力。

以化妆品为例，一个优秀的带货主播不仅仅要了解产品的成分、产品的性能功效、相同市场上同款产品的价格对比，还要了解这款化妆品对于不同肤质的上妆效果、在夏天和冬天应该分别辅助哪些产品等。

2. 有互动能力

除了了解产品外，主播要想长期发展，还需要不断提升自己的吸粉能力。在直播过程中，要学会跟观众做朋友，要及时互动，提高观众的黏性。

提升互动能力，需要主播有不错的口语表达能力、肢体表现能力以及特殊情况的应变能力，能随时调节现场的气氛，积极和观众互动。

提高直播间的互动氛围，有以下几个小技巧。

（1）一定要让进入直播间的用户动起来。

比如，你要带一款不粘锅的产品，可以这么说，"想要不粘锅的宝宝屏幕上打1"。

（2）主播在和用户互动时，要懂得抓住用户的痛点。

比如，某主播卖男性护肤品时，鼓励女性对自己的男朋友、老公好一点，但很多女性并不买账。可第二天直播口号换成"假如你不给他们买这种平价商品，他们就会偷偷用你的神仙水、贵妇膏"，结果当天的销量比前一天涨了不少。

（3）主播为了鼓励粉丝观看，可以设置规则。

比如，打赏榜前 7 名有奖品，点赞超过多少赠送小礼品等；也可以通过设置延时福袋等做法，增加用户的平均停留时间。

3.有场控能力

作为一个主播，控场能力非常重要。没有控场能力的主播很容易出现问题，比如被人带节奏，这对直播是很不利的。当有黑粉强势带节奏时，就更需要主播表现出控场能力。另一方面，直播间的氛围也能表现出主播控场能力的强弱。如果新人主播不多加培养，前期很容易出现冷场。场控住了，气氛起来了，这样留住用户的机会才更大。

4.有自信心

很多主播，尤其是新人主播，在一定程度上是缺乏自信心的，最直接的表现就是对着镜头说话时磕磕巴巴，非常不自然。

新手主播如果想要提升自信心，就要时常对着镜子多练习，做到面容自信、语气高昂；同时还要多看看优秀的同行，学学他们的语气和动作。

第四节　确定直播产品

确定直播间要销售的商品也就是常说的选品。选品决定着直播间口碑的好坏和营销的成败。因此，直播团队进行选品时不可跟风，要根据自己的情况仔细分析，认真筛选。

一、选品的依据

不同的用户群体，有不同的消费偏好。直播团队只有把握直播间用户的消费偏好，按需选品，才能更容易实现营销目标。

1. 按用户年龄选品

如果按照年龄层的不同进行划分，可以把用户分为少年、青年、中年和老年四个群体，各自的消费偏好及选品策略如表1-8所示。

表1-8　按用户年龄选品

序号	用户群体	选品策略
1	少年	少年人基本上没有消费能力，几乎所有消费需求都由父母代为实现。但他们有自己的消费偏好，喜欢跟随同龄人的购买行为，且受视觉化宣传的影响较大。在进行商品选购时，他们不太考虑实际需求，更看重商品的外观，认为新奇、独特的商品更有吸引力
2	青年	青年人追求时尚和新颖，喜欢购买能代表新生活方式的新产品。他们的自我意识较强，很多时候，都力图表现自我个性，因此喜欢购买一些具有特色的、体现个性的商品。青年人为人处世一般更偏重感情，容易产生冲动型消费
3	中年	中年人的心理已经比较成熟，在购买商品时，更注重商品的内在质量和性能。由于中年人在家庭中的责任重大，他们很少会冲动、随意消费，多是经过分析、比较后才作出消费决定。在实际消费前，他们会对商品的品牌、价位、性能进行充分了解；在实际消费时，他们往往按照计划购买，很少有计划外的消费和即兴消费
4	老年	老年人由于生活经验丰富，很少感情用事，消费也更偏向理性。他们量入为出，偏向节俭，在购买前，对商品的用途、价格、质量等方面都会进行详细了解，而不会盲目购买。他们已经养成自己的生活习惯，对于使用过的商品和品牌更加信任，因而会重复购买

2. 按用户性别选品

如果按照性别来划分，可以把用户分为男性和女性两个群体。两个群体的消费偏好及选品策略如表 1-9 所示。

表 1-9　按用户性别选品

序号	用户群体	选品策略
1	男性用户	男性用户的消费行为往往不如女性用户频繁，购买需求也不太强烈。他们的购买需求是被动的，如受家人嘱托、同事朋友的委托或工作的需要等。在这样的购买需求下，他们的购买行为也不够灵活，往往是按照既定的商品要求（如指定的品牌、名称、式样、规格等）来购买 男性用户的审美往往与女性用户不同。对于自己使用的商品，他们更倾向于购买有力量感、科技感的男性特征明显的商品。如果直播间的目标用户群体是男性用户，那么，质量可靠、有科技感、极简风格的商品，可更容易让他们作出购买决策
2	女性用户	女性用户是许多行业的主要消费群体，很多行业都非常重视女性用户的消费倾向 女性用户一般喜欢有美感的商品。女性用户的"爱美之心"是不分年龄的，每一个年龄段的女性用户都倾向于用商品将自己打扮得更美丽一些。她们在选购商品时，首先考虑的是这种商品能否提升自己的形象，能否使自己显得更加年轻和富有魅力。因此，她们偏爱造型新颖别致、包装华丽、气味芬芳的商品。在她们看来，商品的外观（色彩、式样）与商品的质量、价格同等重要

二、选品的策略

直播团队在选品时，可参考图 1-10 所示的选品策略。

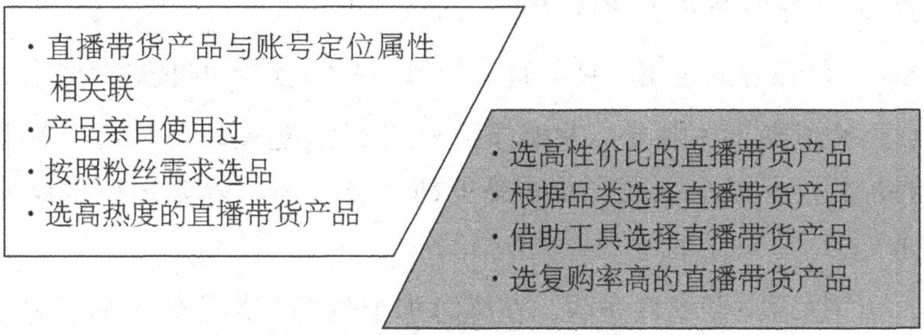

- 直播带货产品与账号定位属性相关联
- 产品亲自使用过
- 按照粉丝需求选品
- 选高热度的直播带货产品

- 选高性价比的直播带货产品
- 根据品类选择直播带货产品
- 借助工具选择直播带货产品
- 选复购率高的直播带货产品

图 1-10　选品的策略

1. 直播带货产品与账号定位属性相关联

我们常常说，视频内容与账号定位垂直，系统才会根据垂直内容贴上精准

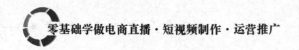

标签，将视频推荐给更精准的粉丝。直播带货产品的选择也一样，你的账号如果主攻美妆，直播带货产品则尽量选择美妆相关的产品。这样，一方面你对产品的熟悉度高，另一方面也符合粉丝对账号的预期，更有助于产品转化。

2. 产品亲自使用过

自己使用过产品，才能知道它到底是不是一款好产品，是否适合粉丝的消费需求；才能知道产品有哪些特性，该怎么使用，怎么推销。

比如，你卖一款洗面奶，你得事先知道这款产品适合油皮还是干皮，你自己是什么肤质，你使用后是什么感觉。你身边其他肤质的人使用后是什么感受。你的粉丝对洗面奶有哪些需求。你的这款洗面奶能否满足他们的需求。

这些都需要你亲测后才能得出结论，才能在直播间向观众、粉丝推荐你的产品，才能让产品更有说服力。

3. 按照粉丝需求选品

账号的粉丝一定是因为你的特定属性能满足他们的需求才关注你，所以，你选择直播带货产品时一定要了解粉丝用户的属性和需求。

比如，粉丝的年龄层次、男女比例、对产品的需求等。

应根据这些需求，及时补充产品品类，满足粉丝需求。

4. 选高热度的直播带货产品

与发视频蹭热点的逻辑一样，直播带货产品的选择也可以蹭热度。

比如，端午节要吃粽子，中秋节要吃月饼；夏天的小风扇、冬天的暖手宝；又或者是当下某个达人、明星带火的某款产品，都是我们可以蹭热度的产品。

不管人们是否需要这件东西，在当时那个时间，都会保持高度关注，就算不买，他们也可能会在你的直播间热烈讨论相关话题，提升直播间热度。

5. 选高性价比的直播带货产品

不管在哪个直播带货平台，高性价比的低客单价产品都会更占优势。

比如，某直播带货主播承诺给粉丝"全网最低价"且"无条件退换"的福利，这样，一方面最大限度地保证了粉丝的权益，另一方面也让粉丝对主播产生了极高的信任，提高了回购率。

6. 根据品类选择直播带货产品

直播带货平台上会有相对热门的产品品类，如美妆、零食、家用电器等。你可以在这些热门品类中选择自己擅长、适合账号的产品在直播间售卖。

7. 借助工具选择直播带货产品

学会使用工具是非常重要的运营方法，选择直播带货产品也一样会借助工具。

比如，我们可以利用数据分析出，直播中哪些产品的销量好，哪些产品在直播峰值时的销量最高，哪些产品被点击的次数最多，哪些产品交易的次数最多。

根据这些数据，我们能够获得高销量产品的名称、品类、单价、来源等各项信息，然后根据这些信息，结合账号定位、粉丝需求，选择合适的直播带货产品。

8. 选复购率高的直播带货产品

直播带货的粉丝群体相对稳定，不容易快速增加新客户。所以，产品的购买频次很重要，一来影响收益，二来影响粉丝的活跃度，因此，选一些复购率高的快消品，会有更好的效果。

三、选品的步骤

中小型的直播团队或新手直播团队，由于缺乏自建品牌、自建供应链的能力，因而需要通过招商来进行选品。通过招商进行选品，一般有图 1-11 所示的几个步骤。

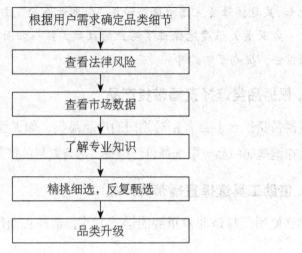

图1-11　通过招商进行选品的步骤

1. 根据用户需求确定品类细节

选品的第一步是根据用户需求确定选品的细节。

比如，对于服装类商品，用户偏爱什么风格、什么颜色、什么用途的服饰；对于家居用品，用户希望商品有什么样的基本功能，喜欢什么样的商品造型，对商品包装有什么样的要求等。

2. 查看法律风险

对于某些商品品类，直播间是不允许销售的，直播团队应注意规避。

比如，美瞳，即彩色隐形眼镜，已于2012年被列入第三类医疗器械用品，不允许在直播间销售。

另外，对于涉嫌抄袭原创设计品牌的商品，如果在直播间上架销售，会影响主播和直播团队的声誉。因此，对于看起来像爆款的商品或自称独家设计的商品，直播团队要注意审查其是否涉及侵权。

3. 查看市场数据

直播团队在选品环节，要注意查看具体商品的"直播转化率"这一数据，即了解商品销量和商品关联直播访问量的对比。这个数据能够帮助直播团队判断目标商品的市场需求有多大。

4. 了解专业知识

直播团队在选品时也要了解商品所属领域的知识。一方面，在竞争激烈的市场环境中，直播团队只有尽可能多地了解目标商品所属领域的专业知识，才能把握商品的生命周期，并在有限的时间内挖掘出商品的全部信息。另一方面，在当前市场几近透明的状态下，如果直播团队对商品有较强的专业认知，即使所销售的商品在直播平台竞争激烈，也能赢得用户的信任和支持。

5. 精挑细选，反复甄选

根据"二八法则"，20%的商品一般能带来80%的销量。直播团队的甄选目标是，要尽可能发掘出畅销的那20%的商品。在这个筛选过程中，直播团队的专业程度决定了筛选结果。

6. 品类升级

任何一款商品，都是有生命周期的。在直播间，今天的爆款商品，明天或许会被市场淘汰；今天发现的新品，明天或许就会被其他直播间跟风销售。对于直播团队来说，爆款商品被淘汰、被跟风销售是无法避免的。因此，直播团队在获得用户的支持之后，要及时地进行品类升级。

 **相关链接**

网络直播营销选品规范

第一条 为促进网络直播营销业态的健康发展，营造良好的市场消费环境，根据《中华人民共和国电子商务法》《中华人民共和国产品质量法》《中华人民共和国食品安全法》《中华人民共和国消费者权益保护法》《中华人民共和国广告法》《中华人民共和国反不正当竞争法》等有关法律法规及中国广告协会的《网络直播营销行为规范》，制定本规范。

第二条 本规范为网络直播营销主播及其服务机构（以下简称主播和机构）的直播选品、直播销售和售后服务等活动提供指南。

第三条　主播和机构不得推销法律、行政法规禁止生产、销售的商品。其推销的商品应符合法律法规对商品质量和使用安全的要求，符合使用性能、宣称采用标准、允诺等，符合保障人身与财产安全的要求。

第四条　主播和机构应认真核对商家资质，并重点审核以下内容。

（一）加盖公章的供应商营业执照复印件。

（二）法律法规对从事生产、加工、销售或者提供服务的主体要求取得行政许可的，应提交加盖公章的行政许可批准证书的复印件。

鼓励主播和机构与信用良好的商家合作。

第五条　主播和机构应认真核对商品资质，属于市场准入审批的商品或者服务，需查验相应的市场准入类批准证书。

鼓励主播与机构选择信誉良好的品牌商品。

第六条　主播和机构推销的商品中涉及商标、专利、认证等证书以及代言人证明等用于确认产品实际情况的其他必要文件资料的，应认真进行核对。涉及他人名义形象的，主播和机构需向权利方索要相关权利证明文件，必要时，予以公示。

第七条　主播和机构应检查核对直播选品样品的商品信息，包括但不限于：

（一）关于标签标识，涉及商品价格、商品名称、产地、生产者信息、性能、重要参数、规格、等级、生产日期、保质期等内容，需检查核对是否与商品资质资料的相关信息保持一致。

（二）关于商品包装，需检查核对商品在正常的流通过程中受环境条件的影响是否会破损、损坏，商品包装上的宣传语应避免违法违规或与产品标识、说明书相矛盾等。

（三）关于说明书，需检查核对宣传内容是否符合商品实际情况，是否与商品信息及资质资料的相关信息保持一致。

第八条　鼓励主播和机构对拟推销的商品进行试用体验。

第九条　鼓励主播和机构采取实地调研、审核商品原材料、考察商品生产流程等方式，加强对商品原产地的审核。

第十条　鼓励主播和机构在直播销售前随机选择直播商品样品送具有检测资质的第三方专业机构进行检测，以确保选品符合相关标准要求。

对已经直播销售的商品，鼓励主播和机构自行委托第三方专业机构对商品进行抽检，检验商品质量是否合格。

第十一条　主播和机构应如实描述商品信息，加强对直播间商品服务信息宣传语合规化的管理，不得对商品信息进行夸大。

第十二条　直播间推销的商品或服务存在与事先承诺的商品外观、型号、材料、质量或品牌不符以及与事先承诺的服务不符等问题，主播和机构应当及时联系和告知商家，并协助商家积极行使救济措施，依法保障消费者合法权益。

第十三条　主播和机构在与商家合作中，如发现商家有涉嫌违反平台规则的行为，应按照与商家的约定进行处理；如发现商家有涉嫌违反有关法律法规的行为，应立即暂停与商家合作，并通报网络直播营销平台。

第十四条　主播和机构、网络直播营销平台等应当依法配合有关部门监督检查，提供必要的资料和数据。

第十五条　鼓励主播和机构制定网络直播营销选品制度，深化对产品的认知与了解，提升选品能力。

第十六条　网络直播营销服务机构应当提升签约主播的合规意识，督导签约主播加强对法律、法规、规章和有关规定及标准规范等的学习。

第十七条　本规范自发布之日起生效。

中国广告协会将加强对本规范实施情况的监测和评估，向社会公示规范实施情况，鼓励自律自治，争创品质直播。对违反本规范的，视情况进行提示劝诫、督促整改、公开批评；对涉嫌违法的，提请政府监管机关依法查处，切实促进服务行业自律、服务行业维权、服务行业发展。

第五节　策划直播脚本

一场好的直播离不开一个设计严谨的脚本，要有头有尾，有开篇有高潮。直播脚本就像电影的大纲一样，可以让主播把控直播的节奏，规范直播流程，

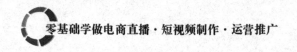
达到预期的目标，让直播效益最大化。因此，直播脚本非常关键。

一、直播脚本的作用

具体来说，直播脚本具有图 1-12 所示的作用。

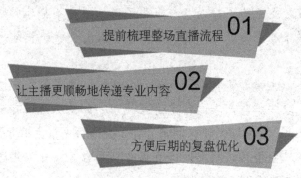

图 1-12 直播脚本的作用

1. 提前梳理整场直播流程

梳理直播流程可以让主播提前预习当天的直播内容、熟悉当天直播的产品，在很大程度上可以让直播内容有条不紊地进行。

开播前需要梳理的流程就是各主要阶段的直播内容，开播时怎么预热，如何正式开始本次直播，什么时间预告下次直播的爆款、人气款及下次直播的全部产品……

同时，要规范好直播主要工作人员的工作内容，让他们在各司其职的同时又相互配合，并掌握紧急情况时的应对政策、注意事项等。

2. 让主播更顺畅地传递专业内容

直播脚本里包含了产品引入话题推荐、产品讲解、流程推荐、品牌介绍等话术，同时产品的直播应有排序，精准到时间。

这样主播就更清楚自己在每个时间段的带货内容、参考话术，也降低了主播因为忘词、不懂产品所带来的只能按照产品包装去介绍产品的尴尬。

3. 方便后期的复盘优化

不管是任何工作，复盘都是非常重要的内容，直播也不例外。

每场直播后，我们都要从粉丝、直播看客的角度去回顾上一场直播，在回顾中将工作流程化，并且要总结优点，将经验转化为能力；同时也要发现缺点，不断纠正错误。

二、直播脚本的核心要素

直播脚本的核心要素如图 1-13 所示。

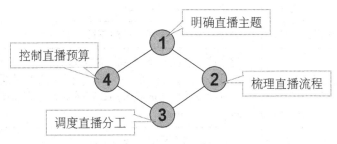

图 1-13　直播脚本的核心要素

1. 明确直播主题

明确直播主题也就是搞清楚本场直播的目的是什么，是回馈粉丝，新品上市，还是大型促销活动。

明确直播主题可以让粉丝知晓在这场直播里能看到什么、获得什么，提前勾起粉丝的兴趣。

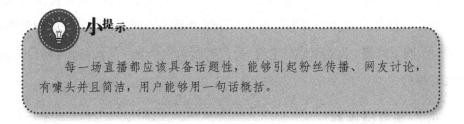

小提示

每一场直播都应该具备话题性，能够引起粉丝传播、网友讨论，有噱头并且简洁，用户能够用一句话概括。

2. 梳理直播流程

一场完整的直播包含开场互动、整场产品预告、产品介绍、滞销返场、下场预告等环节，每一环节需要有详细的时间节点、目的、互动方式等内容。专业的主播团队在每一个环节即将结束的时候，都会有助理专门提醒主播注意时间。

以 4 个小时的直播为例，可将直播分为表 1-10 所示的几个模块。

表 1-10　整场直播流程设计

序号	时间段	流程内容
1	第 1 到 5 分钟	打招呼，热场，把气氛搞起来。做近景直播
2	第 5 到 10 分钟	剧透今日新款和主推款
3	第 10 到 20 分钟	将今天所有款全部走马观花过一遍
4	30 分钟到 3 小时	逐个产品直播，幕后团队需要及时反馈销售数据，引导主播调整直播内容。一般为了保证用户可以长时间停留在直播间，重磅商品都会放在最后，爆款商品会穿插在不同的商品之间
5	最后 1 小时	做呼声较高产品的返场演绎
6	最后 30 分钟	完整演示爆款的购买路径，教粉丝怎么领优惠券，怎么成功拍下产品
7	最后 10 分钟	对下场直播进行预告，剧透明日新款
8	最后 1 分钟	再次强调下场直播时间，引导用户关注，预告明日福利

3. 调度直播分工

对主播、助播、运营人员的动作、行为、话术作出指导，对直播参与人员进行分工，比如，主播负责引导观众、介绍产品、解释活动规则；助理负责现场互动、回复问题、发送优惠信息等;后台客服负责修改产品价格、与粉丝沟通、转化订单等。

4. 控制直播预算

低价才是粉丝追随的主要动力，直播的优惠活动是影响粉丝在直播间购买产品的最直接因素。

因此，直播团队要合理规划整场直播的优惠活动，比如，什么时候该用什么活动调动用户热情，什么时候要借助优惠活动促使用户快速下单等。

直播脚本可以帮助主播梳理直播流程，让直播有条不紊地进行；还可以管理主播话术，清晰明了地传达直播内容。一份合适的直播脚本，是一个直播间步入正轨的必要条件。

但直播脚本不是一成不变的，是需要不断优化的。只有不断优化和改进，主播对直播脚本的运用才能更得心应手。

三、整场直播脚本的设计

整场脚本设计是对整场直播脚本的编写，在直播过程中，最重要的就是对直播套路进行规划和安排。

1. 开场环节

直播刚刚开始，最重要的就是暖场，提升直播间的人气。暖场的时长可以控制在 5 ～ 15 分钟，这个阶段需要主播跟粉丝打招呼，还可以抽奖发福利，跟粉丝友好互动，提前说一下今天的直播间产品有哪些亮点等。

会不会暖场，也是考验主播能力的一大标准。很多直播团队不重视暖场，其实这种观念是错误的。暖场做得好，拥有了初始流量，才能为后续直播售卖有潜力的爆品、高客单价的商品做铺垫。

在暖场期要准备好暖场话术，包括开场抽奖玩法介绍、直播间整个卖品的大概介绍、本场直播间的大奖福利介绍等。

2. 正式售卖环节

正式售卖环节可以分为售卖初期、售卖高潮期、售卖结尾期，每个部分的时长可以根据直播间的情况进行分配。

（1）售卖初期

在售卖初期，重点工作还是慢慢提升直播间的卖货氛围，让用户参与直播间的互动。所以在这个阶段，很多直播间会抛出低价引流款，让粉丝将弹幕发起来，在直播间里面形成百人抢购的氛围。这样可让刚进直播间的用户，一下子就能感受到直播间火热的氛围。人人都有从众心态和看热闹的心态，让新用户先停留，就能创造爆单机会。

（2）售卖高潮期

当进入售卖高潮期时，直播间的卖货氛围和人气都涨起来了。直播间的售卖高潮期堪比卖货的黄金时段，一定要抓住这个时机。这时首先选择高性价比、价格非常具有优势的产品。其次，高客单价和低客单价的产品相结合。

如果主播所卖商品的价格有绝对优势，不少主播会直接将其他平台的商品价格截图打印下来，在直播间展示，以打消消费者对价格的顾虑。对于很多价格敏感型的用户来说，这一招非常有用。

同时，在售卖高潮期要注意，售卖的产品应高低价格相结合，以满足不同消费能力的用户需求，留住更多的人。

在创造出高额的销售额时，也不要忘了放出大奖，刺激粉丝继续下单，拉高整个直播间的声势，让更多的人进入直播间，冲一波流量和销量。

（3）售卖结尾期

一场直播下来，流量有高有低很正常。当到了卖货后期，直播间的流量开始下降，就进入了售卖结尾期。在售卖结尾期，用户开始感觉有点疲乏，可以用秒杀、免单吸引用户的注意力，提高用户的下单率。同时，在这个阶段还可以做潜力爆款的返场。

3. 结束环节

到了直播即将结束的时候，就开始准备收尾工作，一般时长是 10 分钟。这个阶段可以再送出一点小礼品，回馈已经下单的粉丝。还可以为下一场直播做简单的预告，并且针对粉丝呼声很高的产品，可以下次直播时安排返场。

另外，最后不要忘记引导粉丝继续关注直播间，强调每日直播时间，引导粉丝准时进入直播间。并再次感谢粉丝的支持，跟粉丝告别下播。

四、单品直播脚本设计

单品直播脚本设计的目的就是把产品卖出去，不管是电视购物还是直播带货，产品的脚本逻辑都是一样的，如图 1-14 所示。

图 1-14　单品直播脚本设计的逻辑

1. 吸引用户

手机屏幕前用户的注意力有限，如果产品一开始的介绍没有吸引他，那么他可能会丢下手机等待下一个产品。所以一个单品直播的脚本，首先要考虑什么样的开场才可以吸引用户。

引起用户注意，可以用图 1-15 所示的两个方法。

图 1-15　吸引用户注意的方法

比如，××直播间卖脱毛膏的时候，女助理首先说道"夏天到了，胳膊的汗毛漏出来感觉很不好看"，一下子就会调动起女孩子的爱美之心，这是"我们共同的烦恼"。

又如，××直播间卖老年鞋时，开场助理讲述了她妈妈脚不好，走路不方便，普通的鞋子不适合、磨脚、不舒服，将用户带入场景，想想自己的父母，好像也是这样。

2. 激发购买欲望

直播带货最大的优势就是可以现场展示产品，产品展示如果能做到以下两点，一定会引起用户尖叫。

（1）跟用户的使用场景有关。比如，卖剃须刀的现场刮胡子，卖锅的现场煎蛋。

（2）强烈的对比性。

比如，××在卖女性脱毛膏的时候，用一个大汉做模特，脱毛膏敷上去不到 10 分钟，胳膊上的汗毛瞬间脱光，这种对比效果对用户来说是足够震撼的，果然脱毛膏一上架就售罄。

3. 打消顾虑

通过产品的使用体验、权威认证、专家证言等，进一步打消用户的顾虑，让用户认识到，所买的产品靠谱，价格低是因为直播间的优惠力度大。

4. 说服用户

这个环节要公布价格，让用户感觉"物超所值"。通过促销政策，让用户集中下单，营造氛围。负责销售数据监控的同事，此时一定要及时报告销售数量，用剩余数量刺激还在观望的用户，让用户的下单热情达到高潮。

直播带货，不光对比竞品，还要对比其他渠道。也就是说，不仅要说服用户购买，还要说服用户在直播间购买。

5. 逼单

为了营造抢购的气氛，让用户感觉"买不到就亏了"，主播也要学会逼单。比如，不断提醒用户即时销量，营造畅销局面；反复用倒计时的方式，迫使用户马上下单，营造"机不可失，时不再来"的氛围。

比如，×××在直播间就反复强调此次上架产品的数量，以及直播间优惠的 20 元是自己贴给粉丝的，通过这种方式不断刺激用户。

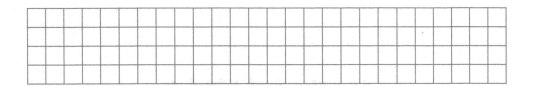

第二章

电商直播的实践

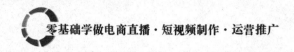

第一节　用对直播话术

直播团队需要提前设计好直播营销话术，以便让进入直播间的用户在短时间内了解到"直播间在销售什么商品""这个商品好在哪里，如何体现"，以及"今天有什么福利，怎么兑现。"

一、话术设计的要点

直播营销话术的最终目的是获得用户对主播和主播所推荐商品的信任和认可，让用户意识到自己的消费需求，从而产生购买行为。直播团队设计直播营销话术时需要根据用户的期望、需求、动机等，以能够满足用户心理需求的表达方式来展示直播商品的特点。直播团队设计直播营销话术，需要考虑图2-1所示的几个要点。

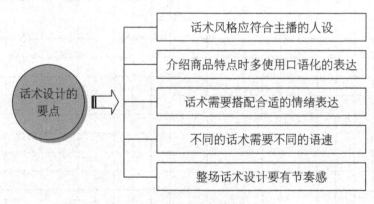

图2-1　话术设计的要点

1.话术风格应符合主播的人设

主播的人设不同，在直播间的说话风格也有所差别。

2. 介绍商品特点时多使用口语化的表达

商品文案的风格多是严肃而正式的。在直播间，如果主播直接念品牌方撰写的商品文案，用户是记不住商品特点的。而如果主播能将这些文案用一种更符合日常交流情景的口语来表达，则更容易让用户了解商品。

3. 话术需要搭配合适的情绪表达

直播就像一场电视节目，而主播就如表演节目的演员，演绎到位才能吸引用户。演绎到位即意味着，主播不仅仅要说好"台词"，还需要为台词配上能打动人的面部表情和丰富的肢体动作。

4. 不同的话术需要不同的语速

主播在直播间推荐商品时，语速不能太慢，慢语速适应不了用户获取更多信息量的需求，也容易让用户对主播产生无精打采、懈怠、拖沓的印象；语速也不宜过快，快语速会让用户听不清内容，来不及思考，影响内容的接收。

5. 整场话术设计要有节奏感

一场直播从开场到结束，从氛围的角度来看，可分为"开端""舒缓""提神""释放"四个阶段，每个阶段的话术所对应的目的也不同，具体如表2-1所示。

表2-1　不同阶段话术的目的

阶段	话术目的	话术要点
开端	营造用户对直播间良好的第一印象	用热情的话术欢迎进入直播间的用户，用互动的话术活跃气氛，用有吸引力的预告话术为用户打造期待感
舒缓	舒缓直播间的气氛，舒缓主播和用户的情绪	主播通过讲笑话、唱歌、聊天等形式，缓解直播间的气氛，缩短和用户的心理距离
提神	活跃气氛，吸引流量，促进转化	以兴奋的、激动的语气和话语进行抽奖送福利、惊喜价促销、"宠粉"秒杀等活动，或推出让用户兴奋的高品质商品
释放	提升用户满意度，为下期直播积累用户	真诚地向用户表示感谢，提升用户的满意度；介绍下期直播最有吸引力的商品和活动，让用户对下期直播产生期待

二、开场话术

开场是直播的重要环节，是决定用户能否留下来的关键时间段。即使是简短的开场，也需要调动直播间的气氛，否则主播将无法在后续的直播中取得良好的效果。一个良好的开场是展示主播风格，吸引用户的关键。

1. 暖场欢迎话术

在正式开始直播前，用户陆陆续续进入直播间，主播需要用一些话术来暖场。

比如：

"家人们，晚上好，我们又如约而至了……"

"欢迎××回来，每次上播都能看到你的身影，特别感动，真的。"

"欢迎新进来的宝宝们，主播每天晚上八点到十点都会在这个直播间里，跟大家分享……"

"有钱的捧个钱场，没钱的捧个人场，空闲的捧个留场，喜欢的捧个情场，最重要的，给你们一个笑场！"

2. 自我介绍话术

直播时，通常会有很多新用户进入直播间。因此，主播需要做一个能够展示个性的自我介绍，从而让用户快速记住。

比如：

"大家好，我是一名新主播，今天第×天直播，谢谢大家支持！"

"大家好，我是一名新主播，擅长×××，我会给大家多多分享××。初来乍到，如果有什么地方做得不够好，希望大家海涵，感谢大家的支持。"

"我是××，青春靓丽，吹拉弹唱样样强，还有一身正能量！感谢大家前来捧场！"

3. 开场话术

正式开场时，主播可以先向用户透露与用户相关的利益，从而留住用户。

比如：

"来来来，啥也不说了，今天我们直播间会给大家一个力度超大的优惠活动，千万别划走！"

"话不多说，我们先来抽波奖！抽中 5 位粉丝，我把手里的 ×× 直接送给他们！"

"大家好，我是 ×× 主播，已经做 ×× 行业 × 年了，不管是什么产品，我都会自己试用过之后再推荐给家人们，大家可以放心买！"

"欢迎宝宝们进我的直播间，今天我们会出一款史无前例的巨大优惠的产品，一定不要错过了！"

4. 引导关注话术

主播及助理需要在直播过程中引导用户关注直播间，从而将直播平台的公域流量转化为自己的私域流量。

比如：

"欢迎来到 ×× 直播间，点个关注不迷路，把持不住开守护，事不宜迟赶紧行动，别忘了点关注。"

"欢迎 ×× 来到宝宝的直播间，喜欢主播的点个关注哦！"

"感谢 ×× 的关注，还没关注主播的抓紧关注，我会每天给大家带来不同惊喜！"

三、商品推荐话术

直播营销的核心是推荐商品。而在推荐商品阶段，直播团队也需要事先设计好一定的话术，尽可能地引导用户产生购买行为。

1. 氛围话术

氛围话术，即主播通过一定的话术调动用户的情绪，让直播间的购物气氛保持活跃。

比如：

"宝宝们，8 点半我们有发红包活动，9 点半我们有 10 元秒杀活动！"

"感谢 ×× 的关注哦，是我的卖货技巧，忍不住让你出手的吧，肯定是，不接受任何反驳。"

"大家扣 1，让我看到你们的热情，热情越高我给的秒杀价越低！"

2. 荐品话术

荐品话术，即商品描述话术，主播会告诉用户商品的亮点在哪里，和其他竞品相比好在哪里。

比如：

"不会搭配的／皮肤黑的／偏胖的宝宝们，可以穿下面这套衣服！"

"我自己就在用，已经用了10瓶了，出差也天天带着！真是特别好用！"

"我们的衣服都是没有任何添加剂的，对孩子的皮肤不会产生任何刺激。请放心购买使用。"

"这个口红不适合肤色偏黄的朋友。如果你也喜欢这个系列的话，可以选择××色号，这个显白！"

3. 导购话术

导购话术，即主播告诉用户为什么要买这款商品，为什么现在就要下单。

比如：

"我们直播间比免税店还便宜！"

"这次活动的力度很大，您可以再加一套的，很划算，错过会很可惜。"

"宝宝们，大家好，我们是厂家直播……没有中间商赚差价，我们会给到你们难以想象的折扣。"

"这是××山区滞销的农产品，产品特别好，就是没销路，我们想给他们帮帮忙，大家动动手，能支持一个就支持一个，感谢大家！"

4. 催单话术

催单也是导购的一个环节。关键是主播如何用话术给用户制造紧迫感，促使用户马上作出决策并下单购买。

比如：

"不用想，直接拍，只有我们这里有这样的价格，往后只会越来越贵。"

"今天的优惠数量有限，只有100件，这款衣服的这个颜色就只有最后××件了，卖完就没有了。"

"还有最后3分钟，没有买到的宝宝赶紧下单、赶紧下单。时间到了我们就下架了（恢复原价）！"

"宝宝们，我们这次活动的优惠力度是今年最大的了，现在拍能省 ×× 钱，直播间还送一个价值 ×× 元的赠品，这个赠品也非常好用。喜欢的宝宝直接拍。"

5. 互动话术

互动话术，即主播引导直播间的用户与自己互动，包括点赞、转发、在评论区留言等。

比如：

"感谢 ×× 送的100个掌声，还没停吗？150个了，200个了，哇，炫迈牌的掌声完全停不下来！非常感谢。"

"今晚，我邀请了一位神秘嘉宾来到我的直播间，大家猜一猜是谁？"

"喜欢左手这一套衣服的刷1，右手这一套的刷2。"

"刷波520，让我感受一下你们的热情。"

6. 提升用户价值感的话术

主播如何让用户觉得在直播间学到了知识或抢到了好物，并且下次还想来，这就需要提升用户观看直播及在直播间互动的价值感。

比如：

"宝宝们，你穿这一身出去约会，男朋友见了，肯定挪不开眼。"

"用这个锅煎的鸡蛋，真是少油又嫩滑，口感非常好，早买早享受。"

"没有比这个款式更百搭了，买到就是赚到！"

四、直播结束的话术

直播的结尾也非常重要。在结束阶段，主播及助理需要感谢用户的点赞、转发和关注，感谢给主播送礼物的用户；同时需要预告下一场直播，还要感谢直播团队的辛苦配合。

比如：

"感谢 ×× 位在线粉丝陪我到下播，更感谢从开播一直陪我到下播的粉丝 ×××、×××（根据榜单一一点名就行），陪伴是最长情的告白，你们的爱意我记在心里了。"

"今天的直播接近尾声了，明天晚上××点，同样的时间开播／明天会提早一点播，××点就开了，大家可以点一下关注哦，各位奔走相告吧！／明天休息一天！后天正常开播！"

"我马上就要下播了，希望大家睡个好觉，做个好梦，明天是新的一天，大家好好工作，我们下次见。"

"主播还有10分钟就下播了，非常感谢大家的陪伴，今天和大家度过了非常愉快的时光，主播最后给大家抽个奖好不好？大家记得关注我，下次开播就会收到自动提醒信息，我也会想念大家。"

"本次直播快要结束了，很舍不得宝宝们，感谢宝宝们这×小时的陪伴，下场直播你们一定要来哦，主播还有很多压箱底的福利要送给大家。"

 **相关链接**

新人直播话术集锦

1. 开播话术

第一次直播好紧张，不知道聊什么、不知道该怎么面对镜头、不知道怎样获得粉丝的好感。万事开头难，我们常常对没有尝试过的事情感到害怕，但做好准备，就能减少恐慌。

（1）"大家好，我是一名新主播，今天是直播带货的第××天，感谢大家对我的支持。"

解读：普通人第一次做直播，可能没有太多的优势和经验，那就大大方方表明自己的真诚和坚持。比如，雷军第一次直播时就说自己害怕"翻车"，带了一摞小抄，让粉丝感受到了他的用心。

（2）"欢迎宝宝们进我们的直播间，今天我们直播间会出一款史无前例的巨大优惠的产品哦，一定不要错过了！"

解读：开播就把大家的注意力吸引到"货"上，并用巨大优惠先"勾"住粉丝，让粉丝有盼头。

（3）"宝宝们，大家好，我们是厂家直播……没有中间商赚差价，我们会给到你们难以想象的折扣。"

解读：第一次开播的自我介绍很重要，如果你是厂家，就应直接亮出自己在价格上的巨大优势。

（4）"我是一个××垂类主播，我深耕××行业××年了，有丰富的资源和专业度，所有的产品我都会自己试用过后再推荐给大家，请大家放心。"

解读：现在的直播是冰火两重天。如果你是主播，卖的是第三方的货，那一定要先立住人设。告诉粉丝你是值得信赖的，你推荐的产品是靠谱的。

（5）"宝宝们请稍安勿躁，马上我们就来一波抽奖，抽中10位粉丝，我把手里的××直接送给他们！"

解读：刚刚开播，人气还没上来，可以先通过抽奖游戏等，把直播间的氛围炒起来。比如，某主播直播开始总是那句"话不多说，我们先来抽波奖。"

（6）"这是××山区滞销的农产品，产品特别好，就是没销路，我们想给他们帮帮忙，大家动动手，能支持一个就支持一个，感谢大家！"

解读：如果有故事可以包装，那在直播开场就快速清晰地讲出来，给大家留下印象。

2. 留人话术

直播间因为有了人，才有了舞台，才能带货，才有转化。人是一切活动的来源，所以要千方百计地把粉丝留下。很多人是第一次到你的直播间，一定要引导他们去关注你。

（1）"欢迎×××（ID名）来到直播间！"

解读：要想留住新粉，就应在他们刚进来时第一时间念出他们的名字，比如"欢迎×××来到直播间"而不是"欢迎宝宝来到我的直播间"。

当粉丝被叫到时，会觉得这个直播间和他们有关，想走时就不太好意思。

（2）"宝宝们，8点半我们有发红包活动，9点半我们有10元秒杀活动哦！"

解读：在直播时应公布直播的关键时间节点，让粉丝知道你每个点都在做什么事情，即使他们有事走开，也会记得按时回来继续观看。

（3）"不会搭配的/皮肤黑的/偏胖的宝宝们，可以穿下面这套衣服！"

解读：直击粉丝痛点，吸引其留在直播间。如果你刚好属于其中一类，一定想知道怎样的搭配适合你，从而留下来。

（4）"非常感谢所有还停留在我直播间的粉丝们，我每天的直播时间是××点～××点，风雨不改，没点关注的记得点关注，点了关注的记得每天准时来哦。"

解读：在直播过程中，要穿插播报你的直播时间，一是告诉别人你是专业主播，不是三天打鱼两天晒网；二是培养粉丝固定时间看你直播的习惯，尽可能地把粉丝留住。

（5）"感谢××的关注哦，是我的卖货技巧，忍不住让你出手的吧，肯定是，不接受任何反驳。"

解读：用有趣的灵魂把粉丝留住。

3.互动话术

直播最大的魅力就在于互动。主播如果只沉迷于讲解产品本身，没有和粉丝互动、解答问题，带货结果肯定也好不到哪去。

（1）"大家扣1，让我看到你们的热情，热情越高我给的秒杀价越低！"

解读：这种类型的话术就是要观众灌水发言，让新进来的游客看到直播间很活跃，好奇为什么那么多人刷666，主播到底表演了什么？这就是带节奏。

（2）"想看××的刷1，想看××的刷2。""喜欢左手这一套衣服的刷1，右手这一套的刷2。"

解读：这种类型的话术就是给观众抛一个选择题，答案ABCD都可以。发言成本很低，能够迅速让观众参与到直播互动里。

（3）粉丝问："有什么优惠吗？有秒杀吗？那个××（产品名）多少钱？有优惠券吗？优惠券怎么领？"

主播答："问优惠券的那位小姐姐（最好直接说ID名），××有优惠券×元，×点可以秒杀。"

解读：反复告诉粉丝具体的优惠力度及使用方法，确保他们能够在你的指引下，正确使用优惠并下单。

（4）"××粉丝在不在？"

解读：在播明星代言的某个产品时，可以用明星效应为产品造势。

（5）"感谢××送的100个掌声，还没停吗？150个了，200个了，哇，炫迈牌的掌声完全停不下来！非常感谢。"

解读：虽然直播带货的重点是卖货，但直播打赏也不容忽视，当粉丝给主播打赏豪华礼物时，主播一定要及时播报，口头感谢××，或用比心等形式表达感谢。

4. 成交话术

成交环节，最重要的就是信任。而有些人设还不够强的主播，则需要在产品背书上多花些功夫，取得粉丝们的信任。

（1）"这款产品，之前我们在××已经卖了10万套！"

解读：用销量数据、复购率、好评率、顾客评分等，来证明产品品质，告诉粉丝这个产品是爆款，已经过了市场验证。打消了疑虑，粉丝才愿意深入了解。

（2）"我自己就在用，已经用了10瓶了，出差也天天带着！真是特别好用！"

解读：在直播间展示主播自己的购买订单，证明某款产品是"自用款"，用"自用款"为产品担保。

（3）"旗舰店的价格是79.9元一瓶（旗舰店价格——价格锚点），我们今天晚上，买2瓶直接减80，相当于第1瓶79，第2瓶不要钱（直播低价），再给你多减2块。我再送你们1瓶雪花喷雾，这1瓶也要卖79.9元（超值福利，买到就是赚到）。"

解读：一层又一层的优惠给到你，会让直播间粉丝觉得"再不买，我简直就是傻子！"不知不觉就下单了。

主播在直播间砍价，营造为粉丝多争取福利而与老板吵架的氛围，这样粉丝会觉得主播真是在为自己着想，自己也得到了优惠，有利于达成更多订单。

（4）"真是最后2件了，喜欢的宝宝抓紧拍，因为这个系列以后不做了。"

解读：制造产品的稀缺感。有些产品因为技术繁杂、成本高等原因，商家不会再接着生产了，相当于绝版，直播时主播就可以把这个点说出来。喜欢但还在犹豫的粉丝就会果断出手。

（5）"我们直播间比免税店还便宜！"

解读：以免税店的价格作为对标，突出直播间的优惠力度。众所周知，免税店的东西是最便宜的，这也是代购产生的原因。而找代购要付代购费，找朋友要欠人情，可在直播间，看中了直接买就好了，还能享受比免税店更低的价格。这点非常戳中粉丝。

5. 催单话术

很多用户在下单时可能会犹豫不决，这个时候我们就需要用催单话术，来刺激用户下单的欲望了。

（1）"不用想，直接拍，只有我们这里有这样的价格，往后只会越来越贵。"

解读：看直播看到这个阶段的粉丝，有很多已经心动了，但还在犹豫，这个时候就需要主播发出行动指令，让他们产生紧迫感，快速下单。

（2）"今天的优惠数量有限，只有100件，这款衣服的这个颜色就只有最后××件了，卖完就没有了！"

解读：限量，制造稀缺感，告诉粉丝错过就没有了。

（3）"还有最后三分钟，没有买到的宝宝赶紧下单、赶紧下单。时间到了我们就下架了（恢复原价）！"

解读：限时，到点涨价。告诉粉丝只有这几分钟是这个价格，时间到了就恢复原价。制造一种紧迫感，让粉丝马上下单。

（4）"今天只限在我的直播间有这个价格，站外都没有这个价格。"

解读：限地，低价是对粉丝最大的吸引力，主播强调全网最低价，也是想让粉丝赶紧下单。

（5）"这次活动的力度真是很大，您可以再加一套的，很划算，错过会很可惜。"

解读：催单不仅仅是催促下单，还可以引导加购。反复强调产品优势和优惠力度，告诉粉丝真的很划算，再加购一套更赚。

（6）"宝宝们，我们这次活动的优惠力度是今年最大的了，现在拍能省××钱，直播间还送一个价值××元的赠品，这个赠品也非常好用。

喜欢的宝宝直接拍。"

解读：在临门一脚的时候，加赠小礼物，让顾客感觉买到就是赚到，没理由不买。

6.下播话术

每一个陪你到下播的人都是真爱，每一场直播都要有始有终。临近下播的时候，也不能匆匆走开，而是要好好准备一套话术，认认真真给粉丝道谢，道晚安。

(1)"感谢××位在线粉丝陪我到下播，更感谢从开播一直陪我到下播的粉丝×××、×××（按照榜单——点名就行），陪伴是最长情的告白，你们的爱意我记在心里了。"

解读：对粉丝的陪伴表达感谢。

(2)"今天的直播接近尾声了，明天晚上××点～××点，同样的时间开播/明天会提早一点播，××点就开了，大家可以点一下关注哦，各位奔走相告吧！/明天休息一天！后天正常开播！"

解读：目的是进行直播预告。

(3)"我马上就要下播了，希望大家睡个好觉，做个好梦，明天是新的一天，大家要好好工作，我们下次见。"

解读：给粉丝送去最后的祝福。

(4)"主播还有10分钟就下播了，非常感谢大家的陪伴，今天和大家度过了非常愉快的时光，主播最后给大家抽个奖好不好？大家记得关注我，下次开播就会收到自动提醒信息，我也会想念大家的。"

解读：下播前再给粉丝来一波抽奖福利，增加关注度。

(5)"今天直播间一共进了×××人，榜单有很多人在帮忙邀请，第一名邀约了××，比预计的少了一点，我要更努力一点才行。"

解读：目的是总结。

(6)"轻轻地我走了，正如我轻轻地来，感谢各位的厚爱！其实不想跟大家说再见，不过因为时间关系，这次直播马上要结束了，最后给大家唱/放一首好听的歌曲，让我们结束今天的直播。"

解读：表达对粉丝的不舍之情，温情结束直播。

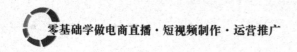

第二节　掌控直播氛围

直播时，主播不能只按照准备好的话术自顾自地介绍商品，还需要根据直播间的实际情况，引导用户热情地互动，以提升直播间的互动氛围。热烈的氛围可以感染用户，吸引更多的用户进入直播间观看直播，吸引更多用户在直播间参与互动，甚至产生购买行为。

一、派红包

主播在直播间派发红包，可以让用户看到具体的、可见的利益，是聚集人气、营造互动气氛的有效方式。

1. 派发红包的要点

（1）约定时间

约定时间，即在正式派发红包之前，主播要告诉用户，自己将在5分钟或10分钟后准时派发红包。这样的预告，一方面可以活跃直播间的气氛，另一方面可以快速提高直播间的流量。

（2）在直播间发红包

到了约定时间，主播就要在直播间发红包。主播可以与助理一起，为派发红包开启一个"倒计时"，以增强活动的气氛，同时，也可以让用户产生领取红包的紧张感。

2. 派发红包的策略

直播间的在线人数不同，主播派发红包的方式也有所不同。在此以在线人数不足50人的新直播间和在线人数超过200人的成熟直播间为例，介绍派发红包的不同技巧。

（1）在线人数不足 50 人的新直播间

新直播间前期粉丝数量很少，主播在粉丝群使用派发红包的方式，可以提升直播间的人气，解决直播间在线人数太少、无人互动的尴尬局面。

（2）在线人数超过 200 人的成熟直播间

一般情况下，当直播间在线人数超过 200 人时，主播就不需要在粉丝群发红包了。直播间已经拥有一定的人气基础，主播直接在直播间派发红包的效果可能会更好。

相关链接

红包的类型

1. 预热型红包

直播刚开始时，可利用预热型红包进行预热，用间断发放小额红包的方式为直播间积累基础人气，吸引更多人进入直播间。

2. 增加人气红包

人气积累到一定程度后，持续发 5 ～ 8 分钟小额红包，可避免已有在线用户退出。若抢红包的重复率太高，记得拉长"战线"，延长发红包的时间，让更多新进入直播间的人可以抢到红包。

3. 蓄力爆发红包

商家觉得人气蓄力已达到目标，开始发放大额红包。这个时段可利用开播推广工具和流量卡配合红包，爆发红包发完，可以稳定直播间流量结构。

刚开启直播间时，商家发现观看直播人数较少，可发放多个小额红包，先引流，后续人数提高了再发放更多大额红包。当在线人数平稳了，可增加红包数量，让更多观众可以抢到红包，以便固定在线人数。若是直播间人数有所下降，应立马补发红包拉人。

二、送福利

送福利也是主播在直播间常用的互动技巧。送福利的首要目标是让用户在直播间停留，激起直播间的互动氛围；其次，才是吸引用户关注直播间并产生购买行为。

1. 送福利的原则

为了实现送福利的目标，送福利的设计要遵循图 2-2 所示的两个原则。

作为福利的奖品应该选主播推荐过的商品，可以是新品，也可以是前期的爆品。这样，奖品对用户才有吸引力

整个送福利的过程要分散进行，主播不能集中送完福利。主播可以设置多个福利奖项，每到达一个直播节点，如进入直播间的人数、点赞人数或弹幕数达到多少，就送出一个福利奖项。这样，主播就可以多次利用送福利来不断激发用户的参与兴趣，从而尽可能地保证整场直播的活跃度

图 2-2 送福利的原则

2. 送福利的方式

基于上述两个原则，主播可以在直播间发起图 2-3 所示的三种形式的"送福利"。

连续签到送福利，即主播按照签到天数抽奖。每天定时开播的主播，可以在直播间告知用户：只要用户连续七天都到直播间评论"签到"，并将七天的评论截图发给主播，助理核对评论截图无误以后，即可赠予用户一份奖品

回答问题送福利，即主播可以根据商品详情页的内容提出一个问题，让用户到商品详情页中找答案并在评论区评论。主播和助理从回答正确的用户中抽奖，被抽中的用户，可以得到主播送出的一份奖品

点赞送福利，即主播对持续停留的用户进行激励，可以让黏性高、闲暇时间多的用户长时间停留在直播间，而黏性一般的用户也会因为送福利活动而不断进入直播间，并在直播间点赞。这样就会提高直播间的用户回访量，从而增加直播间的观看人数

图 2-3　送福利的形式

三、连麦互动

粉丝和主播的连麦互动，不仅有助于提升直播间热度、调动直播间氛围、提高粉丝的积极性，还会帮助主播塑造权威和专业形象，提高直播间粉丝的活跃度。

另外，两个人连麦以后，还可以通过表演剧本，促进产品销售。

四、向粉丝提问或请教

人外有人、天外有天。有能力、有知识的人很多，在直播间可以积极向粉丝提问或者请教。如果你遇到了一个答不上来的问题，可以在直播间向粉丝请教，让粉丝帮你回答，回答后可以适当回报一点奖励，以提升粉丝的参与感。

其次，可以像拉家常一样和粉丝互动，例如，大家平时都看什么电影，有没有好电影推荐？小伙伴们想要这个赠品吗？想要的扣1，等等，让更多的人参与到直播互动中来。

五、积极回答粉丝问题

直播过程中，经常会有很多粉丝向主播提出多方面问题，比如，主播的穿搭有什么技巧，主播的妆容是怎么化的，产品适用于哪些人，具体什么身高、什么体重的人合适，什么肤质的人可以用，等等。还会有人重复地问同样的问题，这个时候主播一定要有耐心，及时回答，不要因看不起粉丝的问题而不耐心回答，导致脱粉。

小提示

　　对于一些不当言论，例如骚扰类问题，可以选择性不理、不回答。在直播间要进行正确的价值观和言论引导。

第三节　介绍直播商品

　　直播间的商品介绍，是直播营销变现的重要手段。商品介绍，并不是主播简单地介绍商品是什么，而是需要根据用户的心理需求，使用一定的话术，打动用户，促成交易。

一、商品介绍的法则

　　在讲解商品时，很多新人主播都会没有条理性地介绍商品卖点。试想一下，你作为观众，是想听"无脑胡吹"还是一个"具有吸力的故事"？这里给大家介绍一种"万能销售介绍法则"——FABE。

　　FABE（Features 特征、Advantage 优点、Benefits 利益、Evidence 证据）是通过四个关键环节，极为巧妙地处理好用户关心的问题，从而顺利地实现产品的销售。

　　FABE 法则是非常典型的利益推销法，而且是非常具体、具有高度、可操作性很强的利益推销法。它通过图 2-4 所示的四个关键环节，极为巧妙地处理好用户关心的问题，从而顺利地实现产品价值的导入。主播按照这样的顺序来介绍商品，对说话内容进行排序，可让用户信任主播介绍的商品，并达成交易。

　　在 FABE 法则中，商品的"属性"和"作用"往往是固定的。而"益处"则往往因人而异。

　　比如，××直播间主播使用 FABE 法则介绍一款榨汁机。

　　"今天给大家带来的 × 品牌榨汁机，具有 4 大技术声源降噪、3 步完成自

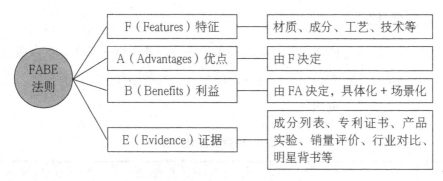

图 2-4 FABE 法则的关键环节

动清洁、8 大菜单及 0.3 ~ 1 升的自由选择容量。"（F：从榨汁机的技术特点开始导入，让粉丝在第一时间对商品留下标签印象）

"这款产品的优点是，超级静音、自动清洁、满足多种家庭的料理需求。"（A：产品的特征所产生的优点，通过技术特点引出商品卖点）

"就拿我举例子，记得小时候，老式豆浆机的声音异常大，所以每天早上叫我起床的都不是闹钟，而是家里面的豆浆机。如果今天直播间的粉丝有早上喝豆浆的习惯，又嫌外面买的不健康，想要自己做，你们可以看看这款榨汁机。"（B：从具体的场景凸显商品特点）

"接下来，我给大家现场演示，做一杯新鲜的豆浆。"（E：在直播间通过现场演示的方式，去证明之前阐述的商品特点及优势）

二、商品介绍的步骤

在直播间，主播需要依据用户的心理需求有逻辑地进行商品介绍。在实际操作中，可以参考图 2-5 所示的几个步骤。

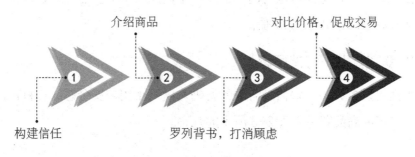

图 2-5 商品介绍的逻辑

1. 构建信任

信任是人和人之间建立良好互动关系、进行商业合作的基础。在直播间销售产品，主播首先需要构建用户对自己的信任。构建信任的方法有很多，在此主要介绍表 2-2 所示的两种。

表 2-2　构建信任的方法

序号	方法	具体说明
1	展示与用户的相似性	人们总是更容易信任与自己相似的人。这个"相似"，包括相似的习惯、相似的兴趣、相似的经历、相似的认知等。因此，在直播间，很多主播会展示自己跟用户之间的相似性
2	引导用户理性思考	直播间是一个容易促成用户冲动消费的场景。很多在直播间消费的用户，一开始并没有明确的消费需求，而是在主播的引导下突然就"冲动消费"了，收到商品后才发现实际作用不大，要么退货，要么闲置。因此，相对于很多希望用户多多作出冲动消费决策的品牌商和主播来说，能够在直播间提醒用户理性消费和理性思考的主播，会更容易赢得用户的好感和信任

2. 介绍商品

在拥有一定的信任基础后，主播就可以为用户推荐商品了。推荐商品时，可以使用"FABE 法则"或"生动描述法"，重要的是告诉用户，这个商品能解决他们什么需求，商品的哪些"配置"或"配料"能解决这些需求，这些配置和配料是哪些其他商品所没有的。

在此基础上，主播可以再简单讲述一下商品的辅助卖点（如设计等方面的优势），以提升商品的附加价值。

3. 罗列背书，打消顾虑

主播可以罗列各种跟商品有关的背书，以给予用户安全感。在直播间，主播可以参考的商品背书有表 2-3 所示的几种。

表2-3　商品背书的方法

序号	方法	具体说明
1	名人背书	名人可以是商品的代言人、推荐人，也可以是商品的技术研发团队、品牌的推荐人，还可以是跟商品研发相关的权威组织或其他有公信力的组织机构
2	数据背书	数据主要是指用户使用效果的统计数据。需要说明的是，数据的出处要有依据，最好是由具备公信力的第三方机构（非品牌商）出具
3	用户案例	列举典型用户的使用案例和正面反馈，可以极大增强用户对商品的信任感

4. 对比价格，促成交易

最后一步，是主播通过一些价格对比话术，让用户相信在直播间购买商品是划算的，从而完成直播间的购买行为。价格对比的方法主要有表2-4所示的几种。

表2-4　价格对比的方法

序号	方法	具体说明
1	竞品价格对比	竞品包括直接竞品，也包括解决同类需求的商品
2	价格均摊	价格均摊，即主播把商品的价格按照使用时间均摊到更小的时间单位中
3	价格转化	价格转化，就是主播将商品的价格与其他常见商品的价格进行对比，以增强用户对商品的使用感知度

三、商品介绍的技巧

商品作为架起主播与用户之间的桥梁，在直播中无时无刻不是双方关注的共同点。从引导关注到主播介绍再到最终下单，构成了一个完整的直播销售转化逻辑。而主播在介绍商品时可参考图2-6所示的技巧。

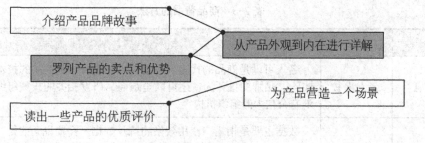

图 2-6　商品介绍的技巧

1. 介绍产品品牌故事

虽然有些产品是自主品牌，很多买家都没听说过，但是在直播时介绍品牌的由来、经营理念、运作规则、售后保证等，都是能提升产品实力的，而且还能进一步打造品牌形象，提升买家信任。

2. 从产品外观到内在进行详解

主播对推荐产品的介绍，一定要全面，要由外及里地去介绍产品。例如，先介绍产品的包装、规格、成分等，再介绍设计、触感、用途等，最后介绍使用感受，这样能让粉丝对产品更了解。

3. 罗列产品的卖点和优势

直播是为了卖货，所以产品卖点的介绍，又怎么能少呢？一开始主播可以先将产品的卖点和优势都介绍出来，然后挑选 2 ~ 3 个最突出、最符合买家需求的卖点进行深入描述，也可以根据直播间用户所提的问题进行讲解，这样能让买家对产品有更清晰的了解。

4. 为产品营造一个场景

在直播时为产品营造一个使用场景，并通过生动的语言进行描述，将粉丝带入这一场景当中，既能加深他们对产品的体会，又能提升互动。

5. 读出一些产品的优质评价

产品的评价是买家最终决定是否购买的重要因素，所以在直播时可以读一些优质的好评，最好可以说出用户的名字，这样能让评价更具真实性。

 相关链接 ◁···

商品介绍的话术

1. 简单版（适合简推商品2～3分钟）

介绍方式：商品介绍＋价格对比＋使用场景。

比如：

"这款米糊是大米磨成粉渣做的，对胃非常好，比白米粥还好，因为它冲泡后是黏稠的糊状，更易消化；而且冲泡起来非常简单，一杯热水加满，搅一搅就好了，口感非常绵密，喝起来很舒服，这样一杯40克。"（**商品介绍**）

"在店铺的日常价是9.9元一杯，今天在我的直播间是3.9元一杯，所以你放心去买。"（**价格对比**）

"这款产品非常适合上班族，可以买一箱放在办公室，早上来不及吃早餐的时候来一杯，不会饿坏肚子；另外我胃疼的时候什么都不吃，只喝它。"（**使用场景**）

2. 详细版（适合主推商品5～8分钟）

介绍方式：店铺名称＋商品介绍＋原价＋现价＋折扣力度＋线下价格＋使用场景＋抢购方式＋快递＋售后。

比如：

"接下来这款商品是来自××旗舰店的米糊（**店铺名称**），这款米糊是大米磨成粉渣做的，对胃非常好，比白米粥还好，因为它冲泡后是黏稠的糊状，更易消化；而且冲起来非常简单，一杯热水加满，搅一搅就好了，口感非常绵密，喝起来很舒服，这样一杯是40克。"（**商品介绍**）

"在店铺的日常价是9.9元一杯，今天在我的直播间是3.9元一杯，这个超市也有卖，要12.9元一杯，所以今天在我直播间是直接打了4折，非常划算。"（**原价＋现价＋折扣力度＋线下价格**）

"这款产品非常适合上班族，可以买一箱放在办公室，早上来不及吃早

饭的时候来一杯，不会饿坏肚子；另外我胃疼的时候什么都不吃，只喝它。"（使用场景）

"我们这个米糊的库存只有 5000 单，抢完就没有了。现在已经上架了，赶紧去抢，进店铺还有张 5 元的优惠券，可直接下单。"（抢购方式）

"而且这个米糊是全国包邮（快递），支持 7 天无理由退换（售后），所以放心买。"

四、引导成交的五步法则

主播完成引导关注、商品介绍和展示之后，最后的步骤就是引导直播间用户下单购买。这里总结了五步销售法，助力主播完成最后的引导下单操作，如图 2-7 所示。

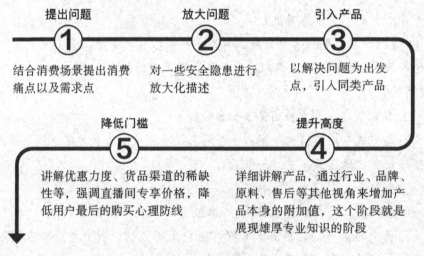

图 2-7　五步销售法

比如，××直播间主播利用五步销售法引导用户成交防晒霜。

"夏天的紫外线非常强烈，是不是很多宝宝都容易晒黑甚至晒伤？"（**提出问题**：首先，针对商品用途或卖点提出场景化假设）

"俗话说一白遮百丑，等皮肤晒黑了就会变得不好看了，再去买高价的美白精华得不偿失。"（**放大问题**：其次，把自己提出的问题，进行放大或夸张化

描述）

"所以防晒就凸显重要，防晒方式有很多，但是今天直播间推出一款××防晒霜。"（**引入产品**：然后，把解决问题作为出发点，顺势引出推荐的商品）

"该款产品非常清爽不黏腻，而且容量大，非常适合每天都需要防晒的宝宝们。"（**提升高度**：接着，介绍商品的卖点，并且加以对比，提升高度）

"那么这款商品日常专柜价格×××元，但是今天直播间最低专享价仅为××元，限量××瓶，抢完即止！"（**降低门槛**：最后，主播大力渲染直播间的优惠力度，制造稀缺感）

相关链接

常见品类商品介绍的侧重点

1. 食品类

这类商品需要现场试吃，主播通过现场展示吃的过程，表现食物的口感，让粉丝了解食物的色、香、味，同时要介绍清楚食物的配方。需要操作处理的食品，要事先准备好，主播还可以展示操作方法。

食品类商品用户的关注点：保质期、配料、口感、规格、价格。

2. 美妆护肤类

这是典型的实验类商品，如果是面膜，一定要现场挤出或涂抹，展示含量或质地；如果是口红、眼影，一定要现场试色（无滤镜）。

美妆护肤类商品用户的关注点：使用感受（质感、质地）、功效（保湿还是抗老）、成分（添加了哪些主要成分、功效是什么、占比有多少）、适用人群（肤质、年龄）、价格。

3. 鞋靴服饰类

这类商品的展示要实际上身，通过穿搭秀等方式直观展示给用户。

鞋靴服饰类商品用户的关注点：适合风格、面料舒适度、实际上身效果、有无色差、尺码（透露模特身材信息，方便粉丝对比）、价格。

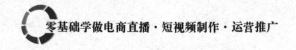
第四节　下播及时复盘

对于直播带货来说，要想让下一次直播效果更好，在下播后进行复盘则显得十分必要。几乎所有的头部主播，都会在每场直播结束后进行直播复盘，对刚结束的直播优劣得失进行梳理，至此一场直播活动才真正结束。

一、直播复盘的价值

主播通过复盘，能将直播过程梳理一遍，对经验和教训进行总结，是一个很重要的工作流程和手段。复盘整场直播，直播团队至少可以得到图2-8所示的收获。

发现规律，使工作流程化

纠正错误，避免继续犯错

将经验转化为能力

图2-8　直播复盘的价值

1. 发现规律，使工作流程化

主播在直播的时候，利用一些技巧或者套路，有时可以起到事半功倍的效果。但是这些方法并不是唯一的，也不是固定的，主播应根据自己的特点不断摸索出最适合的方式。通过回顾，直播团队能看到哪些方式适合自己，可以让整个直播间的工作更加流程化。

2.纠正错误，避免继续犯错

通过回顾，直播团队一定会发现直播中的错误，把这些出错的部分记录下来，进行改正优化，下次就能避免同样的问题产生，使每一次直播都比上一次更好。

3.将经验转化为能力

直播的时候一定会遇到突发情况，通过复盘，直播团队可以分析总结，记录案例，在以后遇到紧急状况的时候，也能沉着应对。

二、直播过程复盘

对于专业的直播团队来说，直播过程需要全程录制，除了普通的手机录制外，还可以使用专业软件录制，其录制效果更好。

直播过程是团队所有成员配合的过程，因此，通过直播过程复盘，可以清晰地了解直播过程中每个人的工作是否执行到位，出现缺席是否有人补位，突发状况是否按照预案执行。

以下是直播过程中，直播人员的工作职责以及可能出现的问题。直播过程的复盘也就是对直播过程中出现的错误进行反思并给出解决方案。如果在直播中可能发生重大失误，还需要提前做好预案准备，防止重大失误带来极其严重的后果。

1.场控

场控作为正常直播的指挥官，也是复盘的组织者，他们随时观察直播过程，时刻关注目标达成情况。当在线人数低的时候，他们要组织引流、上福利，留住人，并增加互动等，对正常直播的稳定性和高效性负责。

直播间的场控需要处理的问题主要是，产品上镜没有特点（在服装行业比较突出）、产品要点归纳不足、预估直播数据出现偏差、对直播中突发状况无法作出有效判断等。

2. 主播

主播是直面用户的第一人，只要不是特殊产品或者特殊直播间，一般都会选用高颜值的靓男俊女，他们的身高体重应符合产品特点，口头表达能力强，应变能力强，抗压能力强，有自己对产品及直播间的独特见解，能主导或参与选款、卖点归纳、产品展示、直播玩法策划、复盘优化等事项。还要有良好的状态调整能力、语言表达能力、善于总结并持续优化的能力。

直播过程中，主播一般面对的问题是，在线人数激增时无法承接流量、直播间节奏出现偏差、黑粉出现时的临场反应不足、粉丝提出的专业问题无法及时回答、产品卖点介绍错误且混乱（特别是服装穿搭出现明显问题）、直播间号召力差、催单逼单付费能力弱等。

3. 副播

副播在直播过程中充当了主播"好闺蜜"的角色，灵敏度、激情度、配合度极佳的优质人才是副播的不二之选。在主播介绍吃力时，他们能制造话题、烘托气氛；在粉丝要看细节时，他们第一时间给到产品近景；在做福利时，他们详细介绍规则及抽奖操作；直播间粉丝有任何问题时，他们都要冲到第一线快速解决。

副播在直播中会面对的问题是，激情不足无法活跃直播间氛围、与主播配合不佳、产品细节展示不清晰、优惠券发放不及时、问题回答或者解决不及时、道具传递错误等。

4. 中控

中控的工作内容比较简单，一般就是后台的操作，如产品上下架、价格及库存的修改、配合主播进行的呐喊、优惠券的发放、实时数据的记录等工作。

中控在直播中面对的问题是，产品上下架操作失误、库存数量修改错误、逼单催单气氛配合度不足、声音不够洪亮、问题出现后没有进行实时记录等。

5. 投手

投手主要的工作内容是为直播间引流。不管是直播间画面短视频或者引流短视频的准备和发布，还是巨量千川或者"DOU+"的投放，都需要投手做好及时输出。

直播过程中，投手面对的问题主要是，引流人群不精准、转化率不足、上福利款时直播间人气偏低、制订的计划跑不出量、只有浅层数据没有深层数据等。

三、直播数据复盘

直播数据是直播最真实情况的反映。关注的数据点有很多，直播团队需要从中挑出几个能反映整场甚至整月直播概况的数据源，来进行复盘分析。

在此，主要介绍以下四种常见数据的复盘。

1. 人气峰值和平均在线人数

这两个数据决定了直播间的人气，如果数量太低，根本就没有变现盈利的可能。一般平均在线 50 人以上，就有直播带货的变现能力，当然这也是直播变现的基本条件。

如果直播间持续维持在 50 人以下，根据"成交额 = 在线人数 × 转化率 × 客单价"这一公式，很难打造有较大盈利能力的直播间，除非是出售单价 1 万元以上的高毛利产品，但这谁也不能确保每日都有成交订单。

一般情况下，直播间产品的客单价和毛利都比较低，所以要想办法把直播间人气提上来。

2. 平均停留时长

平均停留时长反映的是内容吸引力，平均停留时长越长，说明观众对直播间的兴趣越大，这一般取决于主播选品能力和留人能力。

一般直播间的平均停留时长在 30 ~ 60 秒，而好的直播间的平均停留时长

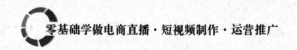

在2分钟以上，这就需要主播有非常好的选品技巧以及个人魅力。

新粉丝进来之后的欢迎语、与观众的互动技巧、吸引用户关注的商品、最详细最美观的产品介绍资料等都是决定平均停留时长的因素。有能力的直播间应该努力提高该数值，这对直播间标签的建立和自然流量的推荐都有非常好的助力作用。

3.带货转化率

带货转化率 = 下单人数 / 总场观看人数，这是综合维度的一个数据，主要考量的是主播的带货能力。

带货转化率的行业平均水平在1%左右，好的主播能做到3%。但要注意，明星的转化率一般都会偏低，因为明星自带粉丝流量，大部分粉丝是带着观赏的目的进入直播间，因此购买欲望不一定很高，明星直播间的转化率一般在0.5%左右。

所以在主播试播时，可以着重关注转化率这个指标，其实这也是一个非常好的考核主播带货能力的标准，其他的话术能力、催单能力、专业能力毕竟都是客观感受，而转化率却是实打实的数据标准。

4.UV价值

UV价值 = 成交额 / 总场观看人数，代表每个粉丝对直播间的贡献值，高UV价值也表示粉丝拥有极强的购买能力，此时可以用高利润产品深挖粉丝的消费潜力。

直播间平均的UV价值在1左右，好的直播间UV价值可以达到3～5，甚至有的场次最高可以达到10以上，所以，精准粉丝的引入是提高直播间UV价值的决定性因素。

投手的价值在这里将会得到体现，每个阶段有不一样的投法，自然流量和付费流量都要抓，且两手都要硬。

抖音直播复盘数据分析常用指标

1.直播销售额

销售额是最能体现直播带货能力的数据指标，但是需要综合分析一段时间内的数据走向，比如每天、每周、每月，这样能更真实地反映主播的直播带货能力。

另外，可以根据直播间每个品类的销售数量，评估哪个产品的带货能力更强。

比如，在×月×日直播间销售额TOP商品品类中，3C数码产品销量和销售额最高，钟表饰品、玩具乐器的销量和销售额最低。

2.直播用户总数

每场直播的总观看人数是一个很重要的数据。如果可以统计所有渠道的流量，并进行区分，即可发现哪个渠道的引流效果最好，下次直播可加大宣传力度。

另外，根据观看人数的数值，可以分析哪个时间段的用户最多，什么样的话术和直播形式更受用户欢迎。

比如，在某场直播期间，从20:20到第二天凌晨00:45都一直保持相对较高的人气，而最高峰值出现在21:56。这就说明，用户从直播开始后就大量涌入，并且大部分用户愿意留在直播间。

3.直播间用户停留时长

相比让用户进入直播间，让用户留在直播间要更难。如果直播间的氛围不好，或者主播的能力不够，用户就会选择去其他的直播间。要知道，直播间的用户留存数据会决定系统能否给你的直播间分配更多的公域流量。而用户停留的时间越久，说明你的直播间的产品越有吸引力，主播对用户的影响越大，直播间的人气越高，按照抖音的推算机制，系统就会将你的直播间推荐给更多人。因此，留住直播间的用户、提高用户留存时间对于直播间上热门是有很大影响的。

4.新增粉丝数

一场直播下来，粉丝转化率的高低，也是衡量你的直播间能不能抓住粉丝的胃口、有没有足够吸引力的依据。

比如，××主播在×月×日的直播间，单场直播涨粉10.95万，整场直播间的累计观看人数为820.2万，转粉率达到1.34%。

另外，从这个账号的新增粉丝团数据来看，其直播间的吸引力相对较强。

5.直播间音浪收入

音浪是抖音平台使用的一种虚拟币，在直播过程中，通过粉丝打赏来获取，以音浪的方式来呈现。音浪的收入越高，说明直播间人气越高，主播收入也越高。很多主播会联动其他主播给自己的直播间打赏，目的就是提高直播间的人气，提升用户打赏的氛围。

比如，××在×月×日的直播间音浪值为12.04万，相当于纯收入5418元（音浪收入＝音浪值×0.045）。

6.直播间用户画像数据

直播间的带货效果，往往取决于进入直播间的人群是否精准。如果你的产品只是根据自己的喜好，而不是根据用户画像而选定，直播效果就会大打折扣。直播间的用户画像包括年龄、性别、兴趣、来源等，掌握了这几个数据，无论是选品还是直播间的优化，都能找到切入点。

比如，某个分享瑜伽动作的账号，其粉丝画像明显偏女性，且以25～35岁的年轻女性为主。该账号从内容和用户画像入手，在直播间只卖瑜伽塑形有关的产品。

7.直播互动数据

从直播的互动数据是可以看出用户的购买倾向和主要需求的。最主要的就是弹幕词，通过直播间的热门弹幕词，可以知道用户喜欢聊什么，下次直播的时候就可以多准备一些相关的话题，来调动直播间气氛。通过弹幕词，也可以知道用户对哪些商品的兴趣比较高，在之后的直播中可以持续进行推广；或者知道用户对哪些有疑问，可以在下次直播前准备好，避免出现直播事故。

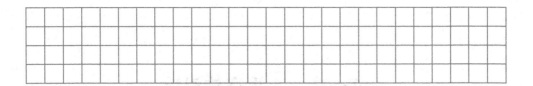

第三章

电商直播的运营

第一节　直播宣传引流

直播引流，即直播团队通过一些方式为直播预热，让用户提前了解直播的内容，以便让对直播感兴趣的用户在直播开播后及时进入直播间，增加直播间的在线人数。

一、直播引流的渠道

直播引流渠道有私域流量渠道和公域流量渠道之分。直播团队可以在私域流量渠道和公域流量渠道同时进行直播宣传，快速提升直播活动的热度。

1. 私域流量渠道

私域流量渠道有电商平台店铺、微信公众号、微信朋友圈和社群等，如表 3-1 所示。

表 3-1　私域流量渠道

序号	渠道	具体说明
1	电商平台店铺	拥有淘宝店铺（含天猫店铺）、京东店铺、拼多多店铺等电商平台店铺的直播团队，可以在店铺首页、商品页、商品详情页等宣传直播信息，以便关注店铺的平台用户了解直播信息
2	微信公众号	直播团队可以在微信公众号中以长图文的形式介绍直播信息，同时插入贴片或海报，更清楚地说明直播的时间和主题
3	微信朋友圈	直播团队可以在每个成员的微信朋友圈发布与直播相关的图文动态，作为直播预告
4	社群	直播团队可以创建自己的粉丝群，在开播前，将直播开播信息发布在粉丝群内，以引导粉丝到直播间观看直播。预告方式可以是短视频，也可以是宣传图，还可以是文字

2.公域流量渠道

公域流量渠道，即平台渠道。常用的公域流量渠道包括抖音、快手、视频号等短视频平台，以及微博平台。

（1）短视频平台

在开播前3小时，直播团队可以在抖音、快手、视频号等短视频平台发布短视频来预告直播信息。利用短视频发布直播预告的方式主要有图3-1所示的两种。

由"常规的短视频内容＋直播预告信息"制成的短视频，即直播团队发布含有直播信息的短视频

方式

以直播预告为主要内容的短视频，即"纯直播预告式"短视频

图3-1 利用短视频发布直播预告的方式

（2）微博平台

一些电商平台的主播可以在微博平台进行直播宣传预热，吸引微博用户到直播间观看直播。

二、直播引流的时机

1.引流内容发布的时间

一般情况下，19:00 ~ 21:00是大多数上班族的休息时间，他们更可能在这个时间段观看直播，因此，这个时间段往往是直播间人数较多的时候，也是很多主播首选的开播时间。

不过，直播预告并不需要直播团队在这个时间段发出。由于直播预告的目的是引流，因此，直播团队需要在直播开播前就让目标用户看到直播预告。直播团队提前发布直播预告的时间不能太长，否则很容易让用户遗忘；但也不能

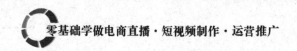

太短，否则可能会影响预热效果。直播团队可以在正式直播前 1 ～ 3 天发布直播预告，为直播间引流。

2. 引流内容发布的节奏

引流内容发布的节奏，也影响着引流的效果。

比如，某主播在抖音平台的首场直播预告，模式如手机品牌的新品发布会一样，逐步放出消息，不断激发用户的好奇心。

3. 大型直播营销活动的预告时间

大型直播营销活动的直播预告时间，可能会跟普通直播营销的预告时间不太一样。如果直播团队进行一场规模较大的、影响较广的直播营销活动，可以考虑在表 3-2 所示的四个时间点进行宣传。

表 3-2　大型直播营销活动的预告时间

序号	时间段	具体说明
1	提前一周	如果是一场新品推荐直播，直播团队可以提前一周在发布的短视频、图文中设定一些直播信息线索。比如，直播团队可在短视频中谈及跟新品特点相关的话题，或者在短视频中展示一段新品的生产视频，并在视频结尾发布"即将推出新品"的信息
2	开播前三天	在开播的前三天，直播团队需要发布一则短视频或图文来透露更多的新品信息和直播信息，其中包括优惠信息、开播时间和开播平台、邀请了哪些有知名度的直播嘉宾等
3	开播前一天	开播前一天，直播团队需要发布一则新品视频，在视频中提示观看的用户在留言区说一说对新品的看法，同时在视频结尾处再次展示直播时间和直播平台，并邀请用户光临直播间
4	开播前半小时	直播团队需要在开播前半小时进行最后一次直播预告。预告中，直播团队需要介绍直播主题、核心内容，并告诉用户"直播间有福利、有惊喜"，再次邀请用户光临直播间

三、直播引流的内容设计

引流内容决定了引流效果，优质的引流内容可以为直播间创造巨大的营销价值。直播团队需要尽可能地从引流标题、引流短视频和引流文案三个方面创作出有创意且贴合直播内容的引流内容。

1. 引流标题设计思路

同样的内容，采用不同的标题所达到的效果会相差很多。直播团队设计引流内容的标题时，可以从图 3-2 所示的几个维度进行思考。

吸引力 用户只会关注自己感兴趣的内容，为了吸引用户观看引流内容，设计的引流标题需要贴合目标用户的阅览兴趣。为了抢夺用户的注意力，引流标题需要有吸引力

有引导力的标题能引导用户点击标题并浏览正式内容 **引导力**

表达力 很多用户出于各种各样的原因只看标题而不看内容，或者不看完内容。能够概括核心内容的引流标题，可以让没时间看完内容的用户快速感知内容的要点

图 3-2 引流内容标题设计的维度

小提示

优质的标题，往往不是一蹴而就的。为了体现出有爆款文章或爆款短视频倾向的引流内容，直播团队需要对标题反复设计与优化。

2. 引流标题设计方法

引流标题的设计也是有方法的。采用表 3-3 所示的几种方法，比较容易设计出有吸引力的标题。

表 3-3 引流标题的设计方法

序号	设计方法	具体说明
1	数字化	数字化标题，即将内容中的重要数据或思路架构整合到标题中。数字化标题一方面可以利用吸引眼球的数据引起用户注意，另一方面可以有效提升标题阅读的效率
2	人物化	在互联网世界，信任是很多行为的基础。很多人会先考虑好友推荐的商品，其次是专业人士推荐的商品，最后是陌生人推荐的商品。基于此，如果引流内容中涉及专业人士或名人的观点，那么直播团队可以将其姓名直接拟入标题
3	历程化	真实的案例比生硬的说教更受欢迎。在标题中加入"历程""经验""复盘""我是怎样做到的"等字眼，可以引起用户对真实案例的兴趣
4	体验化	体验化语言能够将用户迅速拉入内容营造的场景，便于后续的阅读与转化。直播团队可以在标题中加入体验化语言，包括"激动""难受""兴奋"等情感类关键词及"我看过了""读了N遍""强烈推荐"等行为类关键词，激发用户的情感，让用户迅速观看内容
5	稀缺化	对于稀缺的内容或商品，用户普遍会更快地作出决策，从而点击浏览或直接购买。直播团队可以在引流标题中提示时间有限或数量紧缺，以提高内容的浏览量
6	热点化	体育赛事、节假日、热播影视剧、热销书籍等，都会在一段时间内成为讨论的热点，登上各大媒体平台的热搜榜。如果直播团队发布的内容与热点相关联，可在标题中加入热点关键词，增加内容的点击量
7	神秘化	用户对于未知事物，通常有猎奇心理，越是神秘，他们越想一探究竟

四、引流短视频的内容策划

引流短视频的目标有两个，首先是增加直播信息的曝光量，为直播间引流；其次是增加主播的粉丝量。

1. 以预告抽奖福利为主的短视频

直播团队可以拍摄一个以预告抽奖福利为主的短视频，时长只需要15秒左右，主要是以热情的方式告诉用户直播间会送出什么礼物，呼吁用户光顾直播间抢福利。如果用户对福利感兴趣，就会在指定时间进入直播间。

因此，在这种短视频中，福利必须要有足够的吸引力，直播团队要尽可能地安排一些用户皆知的高价值的福利商品。

2. 符合直播主题的情景短剧类短视频

直播团队也可以根据直播主题策划一个情景短剧。情景短剧类短视频，一般由两人或多人一起表演，来表达一个有感染力的主题，刺激用户的痛点，引起用户的情感共鸣，使其主动点赞、评论和转发。

在情境短剧类短视频的内容策划中，有感染力的主题包括图3-3所示的几种。

图 3-3　有感染力的主题类型

3. 以知识传播为主的短视频

干货类和技能分享类短视频是非常实用且容易"涨粉"的短视频类型，这类短视频包括PPT类短视频、讲解类短视频、动作演示类短视频和动画类短视频等，有助于打造主播的"专业性"人设。直播团队可以在这类短视频的结尾处加入直播信息。

4. 商品测评类短视频

商品测评是以商品为对象进行测评，要先"测"后"评"。直播团队通过对某种商品进行使用体验，或者按照一定的标准做功能性或非功能性检测，然后分析结果，作出评价，并分享给用户，帮助用户从众多商品中筛选出质量有保障、体验感好、适合自己的商品，从而促成消费。

5. 实地走访类短视频

实地走访是指主播亲自到跟商品相关的实际场景中进行探访与体验，并将

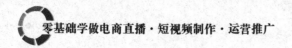

过程分享给用户。实地走访类短视频适用于餐饮（即"探店"）、旅游、"海淘"商品、农产品等，可以记录食品的生产场景、景点的实际场景、海外商品的销售场景，以及农产品的生长环境，增强用户对直播间商品的信任，引导用户进行消费。

6.以直播片段为主的短视频

直播片段式短视频也是直播团队常用的引流短视频。直播团队通过拍摄即将直播的内容片段，介绍即将直播的商品，让用户提前感受直播场景，吸引用户在指定时间到直播间观看。

> 💡 **小提示**
>
> 短视频的创作形式有很多，以上介绍的几种是比较容易与直播内容建立连接的创作方式。只有当短视频的内容与直播有较强的关联性，才更容易为直播间引流。

五、引流文案的撰写

引流文案需要解决用户的一个疑问：为什么要去看直播？为此，直播团队应展示出直播间的特色，说出直播间能够为用户解决什么问题。并在此基础上，通过促销活动及制造紧张感和稀缺感，引导用户在直播间产生消费的兴趣。常见的引流文案有图3-4所示的几种。

 👉 互动类文案一般采用疑问句或反问句，这种带有启发性的开放式问题不仅可以很好地制造悬念，还能为用户留下比较大的回答空间，提升用户的参与感

 👉 叙述类文案通常是指直播团队对画面进行叙述，给用户营造置身其中的感觉，使其产生共鸣。直播团队在撰写叙述类文案时，需要根据直播主题和商品的特点，选择有场景感的故事

　直播团队通过在微信公众号发布长篇文章告诉目标用户：为什么要开直播，要开一场什么样的直播，以及什么时间在什么平台直播

图 3-4　常见的引流文案

六、付费引流

如果想要快速提升直播间的人气，直播团队也可以在即将开播或刚刚开播时，通过付费引流的方式为直播间引流。在此，主要介绍淘宝直播付费引流、抖音直播付费引流、快手直播付费引流和视频号直播付费引流。

1.淘宝直播付费引流

淘宝直播频道的流量分配机制是"私域维护好，公域奖励多"。如果直播团队能够把自己的私域流量维护好，那么，淘宝直播频道会给予直播间更多的免费公域流量奖励；直播间的私域流量越多，淘宝直播频道奖励给直播间的公域流量也会越多。

因此，直播团队在淘宝直播进行引流推广时，要坚持开播，维护自己的私域流量。并在此基础上，使用"超级直播"，将直播推广至淘宝直播的直播广场、淘宝 APP 的"猜你喜欢"等优质资源位，从而取得良好的直播引流效果。

2.抖音直播付费引流

抖音直播间的付费引流，是以直播引流为目的，通过在视频"推荐"页同步直播内容，吸引用户进入直播间，观看直播并购买商品。

对于开启了付费引流的抖音直播间，在直播时，可以让原本观看视频的抖音用户在不知不觉中看到直播间的直播信息。

（1）抖音直播付费工具

抖音直播间的付费引流工具是"DOU+"。"DOU+"是一款直播的加热工具，直播团队利用"DOU+"可以将直播推荐给更多的兴趣用户，提升直播间的人气、粉丝数及互动量。

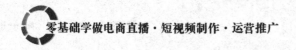
（2）抖音直播间的定向投放模式

目前，"DOU+"支持两种定向投放模式，即系统智能推荐和自定义投放。直播团队可以根据需要选择想要推荐的对象。

（3）"DOU+"的高效投放技巧

为了高效地投放"DOU+"，直播团队需要做到图3-5所示的两点。

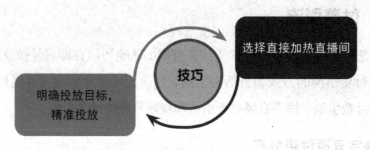

图 3-5　高效投放"DOU+"的技巧

3. 快手直播付费引流

在快手平台进行直播，直播团队也可以进行付费推广。直播团队在开播页面点击图标，即可进入直播推广页面。需要注意的是，"期望增加用户数"是推广可能引入的最多用户数量，但实际进入直播间的用户数可能会比预计用户数少。

不过，直播团队设置的"期望增加用户数"或"预期增加用户数"越多，直播间的引流效果就越好。因此，在直播高峰期，直播团队也可以增加直播预算，快速提升直播间的人气。

在快手直播推广页面的"选择推广方式"中，有"直接推广直播间""推广直播间＋选择作品推广"和"优先通过作品推广直播间"等选项。

不同的推广方式，有不同的优势。

其中，在"推广直播间＋选择作品推广"和"优先通过作品推广直播间"选项中，直播团队可以选择专为直播准备的预告短视频，或者热度最高的短视频，吸引观看短视频的用户进入直播间。

此外，为了增加直播间的有效曝光，直播团队可以在开播时，在直播封面和标题的设置中，勾选"开播通知粉丝"，以便将直播信息精准地推荐给关注直播间的用户。

4.视频号直播付费引流

视频号直播是微信生态的一部分。视频号本身并没有官方发布的直接付费引流渠道，但直播团队可以通过微信生态内诸多的"付费"运营环节，为视频号直播"间接引流"。

在视频号平台进行直播，直播团队可以通过自媒体大号、社群群主，或给粉丝发福利引导扩散，为直播间引流，如表3-4所示。

表3-4　视频号平台付费引流的方式

序号	引流方式	具体说明
1	自媒体大号付费引流	自媒体大号，即拥有很多粉丝的自媒体账号，如微博账号、微信公众号、头条号等。对于视频号直播运营来说，最有合作价值的自媒体大号是同样包含在微信生态之内的拥有很多粉丝的微信公众号
2	社群群主付费引流	社群群主付费引流，即直播团队与有很多活跃社群的群主进行合作，在其社群中投放直播预告内容，为直播间引流。在社群中投放直播预告的形式比较灵活，可以是海报、短视频、文章等。直播团队在别人的社群中投放直播预告信息时，为了提升效果，需要遵守以下三个操作技巧： （1）群主先主动对直播团队进行介绍和信任背书 （2）直播团队应先发红包再自我介绍 （3）直播团队发红包请群成员观看直播
3	给粉丝发福利引导扩散	依托于拥有100%熟人关系链的微信，直播团队可以借助"朋友看过的直播"，使视频号直播实现快速扩散。"朋友看过的直播"会显示在视频号"朋友"页面的顶部位置。目前的内容呈现机制是，一个微信用户关注的视频号正在直播，或者从任何一个渠道进入过这个直播间，该微信用户的微信朋友就会在这个位置看到直播信息。除非直播结束，或者用户手动操作"不看对方的动态"，否则这条直播信息会一直出现在"朋友"页面。这个呈现机制意味着，直播团队在视频号进行直播时，多吸引一个用户进入直播间，就可能多一波流量

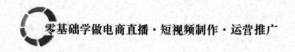

第二节　直播用户管理

吸引用户关注，将用户变成主播或直播间的粉丝，是促进直播转化的基础。庞大的用户关注数量会优化直播间的营销数据，也会提升直播间的商业价值。因此，直播团队需要做好用户运营，提升用户对主播和直播间的信任和黏性。

一、高频消费型用户

1.定义

高频消费型用户，即经常在直播间购买商品的用户。

2.特点

这类用户已经通过长期在线与主播互动，以及大量的购买行为，与主播建立了较为深厚的社交关系，这些用户有稳定的购物环境和购物预期。

3.管理

对于这类用户，直播团队要做好直播间的营销管理，具体要求如图3-6所示。

管理一	**确保直播间品类的丰富度**

这一类型用户与主播已经构建了黏性较强的关系。这种关系是建立在主播及直播间能给用户带来可靠、贴心的购物体验的基础上。因此，要维护与这类用户的关系，直播团队需要持续地为这些用户提供品类丰富的商品

管理二	**确保商品质量可靠并拥有价格优势**

这一类型用户经常进入主播的直播间，主要目的是购物。而高质量的商品和较低的价格，是吸引用户在直播间购买商品的主要原因。因此，直播团队要尽可能地提供物美价廉的商品

管理三	积极互动

这一类型的用户之所以会对主播的直播间产生较大兴趣，除了上述两个原因之外，还因为他们能在主播的直播间得到一种情感上的满足

图 3-6　对高频消费型用户的管理

二、低频消费型用户

1. 定义

低频消费型用户是指可能已经认识主播很久了，但只是偶尔进入主播的直播间，且在直播间购物的次数也很少的用户。

2. 特点

低频消费型用户很少在直播间购物，一般会表现出图 3-7 所示的三个特点。

1 用户不信任主播，担心商品的质量和售后服务

2 用户没有在直播间看到自己想要买的商品

3 受经济条件限制，用户觉得直播间商品的价格过高

图 3-7　低频消费型用户的特点

3. 管理

基于上述特点，直播团队可以通过图 3-8 所示的方法提升这一类型用户的黏性。

管理一 提升用户对主播及直播团队的信任

主播需要专业而客观地介绍商品的特点、优势及不足之处，以便让用户快速了解该商品是否适合自己

管理二 让用户在直播间找到自己喜欢的商品

直播团队不但要提升直播间商品品类的丰富度，还要注意提升同一商品规格的丰富度

管理三 让在意价格的用户在直播间产生购买行为

直播团队需要时常针对这类用户策划福利活动，如提供新客专属福利、"新粉"专属福利，或者定期抽奖、定期赠送优惠券等，降低这类用户的购物门槛

图 3-8 对低频消费型用户的管理

小提示

对于低频消费型用户，主播还需要在助理的帮助下，快速回复用户提出的问题，以增强用户对主播的好感。

三、闲逛的平台老用户

1. 特点

闲逛的平台老用户通常对电商直播的模式有所了解，已经在其他主播的直播间产生过购物行为，也关注过一些其他主播。有时，他们关注的主播可能还没有开播，或者关注的直播间里没有想买的商品，因而在直播平台随便看看，偶然转到了该主播的直播间。

2. 管理

这种类型的用户只是偶然进入主播的直播间，还没有建立对主播的认知和

信任，对主播推荐的商品还处于观望状态。

对于这类用户，直播团队可以通过图 3-9 所示的两种方法让其成为自己的高频消费型用户。

管理一 **提供新客专属福利**

直播团队可以对新用户提供专属福利，如额外赠送商品、价格减免等，以降低其试错成本

管理二 **建议其购买性价比高的"印象款"商品**

由于"印象款"商品的口碑较好，能增加用户对直播间的好感度，以及让用户对直播间产生初步信任，因此，直播团队可以用低价、有品质保证、口碑较好的"印象款"商品吸引该类型用户进行第一次消费，以增加其再次光顾直播间的可能性

图 3-9　对闲逛的平台老用户的管理

四、直播平台的新用户

1. 特点

直播平台的新用户可能只是通过朋友介绍或受媒体影响才尝试去观看直播。这类用户的习惯购物渠道是电商平台，而不是直播平台。他们还不太了解直播"带货"模式，对直播"带货"主播的信任感也不强，也不太清楚直播间购物的操作模式，不知道如何领取优惠券、参与抽奖。

2. 管理

对于这类用户，直播团队需要通过图 3-10 所示的几点来吸引其在直播间尝试购物。

 展现热情和专业度

对于新用户来说，主播的热情互动以及对商品的专业介绍，可以增强新用户对主播的好感，从而对主播产生良好的第一印象

图 3-10

这类用户进入直播间，可能是想尝试在直播间购物。因此，主播对这类用户要加强消费引导，强调在直播间购买商品所能得到的优惠，要利用优惠券、红包、抽奖等活动来降低用户的尝试门槛，增强用户的购买意愿

这类用户不管有没有购买直播间的商品，都是直播间的潜在用户，主播要尽可能地引导其成为直播间的粉丝，积极引导他们关注直播间，以便第一时间为其推送直播信息

图 3-10　对直播平台新用户的管理

相关链接 ‹

什么样的人会成为直播间的用户

首先，观看直播的用户一定是有需求的人。

随着经济的发展、人均收入的提高，人们可支配的收入越来越多，已经实现了生理需求和安全需求的人们就会开始向更高层级的需求进阶。

而在这时，直播带货兴起，成为新风口，顺应了当代年轻人的消费习惯，给用户带来了内容上、产品上和购买方式上的新奇体验，成了不少用户群体满足更高层级需求的新渠道。

其次，观看直播的用户可能是追求性价比的人。

直播带货是主播和品牌方合作进行的。主播往往能够依靠其强大的供应链为用户提供物美价廉的产品。同时，依托于主播的影响力，越头部的主播，其议价能力越强，和商家"谈判"的筹码也越多，自然也能为用户带来更好的价格。

因此，在直播间，用户往往能够得到比线下甚至是线上旗舰店更加优惠的价格，可以用更低的价格买到更好的产品。

当然，直播的性价比不仅体现在价格上，也体现在用户所花费的时间和精力上。在直播中，通过主播专业的讲解和试用，以及精准地匹配用户

的需求分析，用户往往能够全方位地了解产品，减少了"货比三家"所需要的时间和精力，缩短了决策时间，用更短的时间买到满意的产品。

当然，观看直播的用户也可能是主播的粉丝。

在主播的直播间，除了为满足需求而进入直播间且和主播没有情感链接的用户外，还有一部分用户，我们称之为粉丝。他们进入直播间，大多是出于对主播或者主播邀请来的嘉宾的喜爱。

如今，主播看重的不只是直播间这一个阵地，有些主播的主阵地虽然是淘宝直播，身份也是带货主播，但在微博等各大社交平台上都有自己的账号。

这些主播在各大社交平台上运营自己的账号，建立和粉丝沟通的桥梁，也形成了自己的人设，沉淀了大量社交资产。主播红人化，已经成为一个趋势。

在社交平台上，主播会在直播前发布内容引流，在直播后收集粉丝的反馈和建议，成功为自己的直播间助力。因此，直播间中当然就少不了主播的粉丝。

除此之外，直播间所出现的明星嘉宾也是吸引粉丝观看直播的一大利器。或许粉丝们不会成为直播间的消费者，但是成为一个观众，给自己喜爱的爱豆增加人气值，顺便截几张爱豆的美图，何乐而不为。

无论用户是出于购物需求、性价比需求，还是"追星"需求，他们进入直播间，就成了直播间的用户。

第三节　直播粉丝维护

电商直播是人与人直接互动，粉丝运营得好坏，是影响直播间变现的重要因素。因此，无论是直播前的预热筹备，还是直播后的粉丝管理，我们都必须要注意粉丝的运营和维护。

一、粉丝维护的策略

对于传统电商来说，粉丝运营的核心是商品，用户是否会继续关注，是否会产生复购，首先要看其对商品的满意度。而对于新兴电商——直播电商来说，在直播间里，要遵循以人为主的逻辑。

直播结束后和粉丝产生互动，并没有产品介入，这时货不再存在，因此不再是货带人的逻辑，而是以人为主。商家／主播可以直接和用户进行一对一或者一对多的互动，这个过程就是留住粉丝并加深粉丝信任的过程。

因此，粉丝运营的核心，传统电商是以货为本，直播电商则是以人为本。

那么，在明确了粉丝运营的核心后，我们做电商直播的时候，如何才能将粉丝运营得更好呢？可以试试图 3-11 所示的策略。

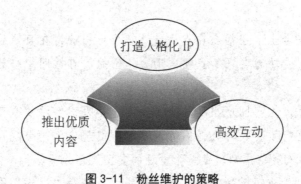

图 3-11　粉丝维护的策略

1. 打造人格化 IP

关于粉丝运营，目前较为流行的方法是引流到自己的私域，大多通过加微信或粉丝群的方式。

主播或商家需要做的就是，在私域运营里，为粉丝树立正面的形象，打造差异化人格，并不断强化人格属性，这可以通过展示自己的真实生活、进行自我包装来实现。

人格化 IP 往往更容易让粉丝有亲近感和崇拜感，以及加深粉丝的信任和依赖。当主播真正能把自己做成一个 IP，粉丝也会为其宣传推广，这大概是最低和最有效的宣传成本了。

2. 推出优质内容

推出优质内容，主要是指给用户持续地提供有价值的内容。当用户走出直播间，进入到你的社群或是朋友圈，他们不希望在私人空间里有人一直刷屏卖东西，这和加了一个微商没有什么区别。因此，你可以换一种思路，用优质内容代替刷屏推销。

比如，你主营的产品是一款婴幼儿奶粉，那你的定向用户多是新手爸妈，因此，你可以每天定时在朋友圈或社群更新一些奶粉相关的知识，久而久之，用户会形成观看习惯，还会在一定程度上增加对你的信任感。

除了推出优质内容外，还要学会对用户进行分类。可根据购买习惯和特征，给粉丝贴上标签，对不同标签的人群，分发适合他们的内容，学会分层运营用户。

3. 高效互动

无论在直播中还是在直播后，互动都非常重要。在直播间和大家互动是为了增加用户停留时长，从而提高成单率；直播结束后的互动则决定了用户会不会成为你的忠实粉丝。

因此，把用户圈到自己的私域流量池之后，要记得像朋友一样互动。很多主播加了用户微信之后再也没说过第二句话，那就相当于白白浪费了这个渠道。

互动的方法有很多，这里和大家简单列举几个：

（1）发起有意思的话题

有两个类别的内容是容易引起讨论的，分别是情感和热点。情感可以是亲情、友情、爱情，热点可以是明星、节日、事件等。总之，只要是容易让人产生共鸣的话题，都更易引起讨论，从而增加用户对你的人格印象。

（2）抽奖

这种玩法虽然简单、直接，但往往是最容易留住粉丝的。因为抽奖会一直让粉丝有一种期待感和参与感，他们不会轻易取消关注。

（3）举办周期性活动

可以针对已有粉丝定期举办一些活动，包括线上和线下，从而提高用户的

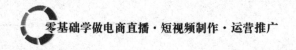
参与感。而且定期举办活动，久而久之会形成自己的特色，可以为品牌推广进行赋能。

二、建立粉丝社群

对于直播团队来说，一定要搭建自己的粉丝群，可以在粉丝群里面定期举办一些活动或者是赠送一些礼品，加强与铁粉之间的黏性。另外，如果有售后问题，最好第一时间帮助粉丝解决，树立好自己的人设。直播前也可以在粉丝群里发送通知，让每次直播在一开始就能有一个比较好的人气基础。

三、粉丝社群的维护

如果说发货、售后属于直播创业的服务环节，那粉丝社群的维护就属于运营与组织行为，尤其在产品优势不明显、粉丝基数不多时，对粉丝社群的维护就显得尤为重要。

粉丝社群的维护，可从图 3-12 所示的三个方面着手。

 拥有了粉丝群或是相应数量的粉丝后，需要做的则是适当的互动，以加深粉丝的印象。可以带动粉丝一起关注某一个话题，或是关注自己直播或卖货的内容，要根据粉丝类型去分享，不要随意分享无意义的信息

 再好的圈子或社群，或多或少都会有一些问题需要处理，建议有一两个人在线处理细节问题，比如一些粉丝的疑问、回复、建议、互动信息、负面消息等。这类似于售后服务，不要小看它，处理不好，可能会导致粉丝流失

 在维护社群时，一味地与粉丝在线互动、回复相关问题，对于真实反馈并没有太大意义，建议适当做一些粉丝体验表或是反馈表，来提升粉丝的活跃度与参与度，增加粉丝的黏度，更好地针对话题运作

图 3-12　粉丝社群维护的策略

四、做好售后保障

一场直播结束以后，主播的任务完成了，创造了暂时的销售额，但是售后问题同样不容忽视。很多粉丝因受到直播间气氛的感染，一时头脑发热才下的单，但是事后冷静下来，可能会产生退单的举动，而好的售后与沟通渠道完全可以减少这类现象的发生。所以，直播团队要承担起这个责任，特别是主播，作为一个产品推荐者和售卖者，需要与商家对接好售后问题。

在处理售后问题时，要把自己的姿态放低一些，因为客户购买的产品出了问题，心情肯定不太好，这时候你把姿态放低一些，先道歉，之后处理问题就会容易很多。有人咨询，请耐心解答，售后态度也是一种揽回头客的手段。

五、提升粉丝回访率

一个新访客进入直播间后，通常都会有一个漫长的转化期。从勾起新访客兴趣到转粉，再到最后产生购买行为，是一个需要不停建立信任关系的过程。尤其是粉丝回访，影响着店铺的复购率和转化率。做好粉丝维护，不仅可以提高粉丝黏性，增强粉丝对店铺的信任度，还会促进店铺各方面数据的提升。

那么，商家怎么做才能提升自己直播间的粉丝回访率呢？策略如图 3-13 所示。

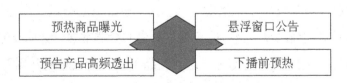

图 3-13 提升粉丝回访率的策略

1. 预热商品曝光

很多直播间的整体场观都是老粉贡献的，所以我们在进行直播的时候就应该为下一场的场观做铺垫。想要让粉丝回来，就要给粉丝一个回来的理由，除此之外，还要告诉粉丝明确的时间和地点。

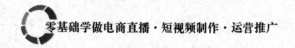
地点就是直播间，时间就是开播的时候，理由要么是商品要么是利益点，利益点可以根据每一个店铺的区别和每一个商品的利润空间来确定。

那么商品怎么植入呢？方法如图3-14所示。

方法一	可以通过黄金展现位植入曝光。黄金展现位就是口袋末位端的那两个商品位，如果想把这些商品放在下一场直播中出售，可以先设置好链接的上架时间，然后再挂上去，同时在短标题利益点那里备注好商品的出售时间
方法二	可以在主图短标题以及标题上用角标、关键词、符号来进行区分
方法三	在短标题上用利益点进行区分。如果商品是有利润空间的，可以给粉丝特别有吸引力的福利，粉丝看到以后自然会去关注，这时候商家要做的就是引导粉丝关注下一场开播的时间，以及记得回访

图 3-14　商品植入的方法

2.预告产品高频透出

商家可以在直播间进行高频剧透。直播间是有背景的，商家可以直接把下一场要播的产品当作背景陈列放在后面，也可以拿来搭配使用。

比如，类目是服装的直播间，如果下场直播有一个小爆款，就可以把这个小爆款用假模、背景摆设等方式放在主播后面进行单独陈列，这样一定会有用户问后面的衣服能不能试一下。

也可以把小爆款反复拿来搭配穿着，用户的好奇心很重，当你高频透出一款商品，并且这款商品没有链接时，他的好奇心会非常强，会反复追问。

这个时候，主播就可以传达"这款商品下一场什么时间开播""会给大家什么样的福利"等信息，引导用户记得回访，并且告诉他们，这款商品需要靠抢，这样的效果会非常好。

 小提示

背景陈列一定不能杂乱无章，需要预热的产品全部往后堆的话，不会引起粉丝的任何关注。

3. 悬浮窗口公告

可以把重要的信息，如下一场开播的利益点、商品信息等，以文字滚屏的形式放到公告栏里，这里要注意的是，文字不宜过多，信息不要过于复杂，简洁明了即可。文字太多，观众很容易忽视掉。

比如，包邮就直接加上包邮两个字，有什么折扣就把什么折扣打上去，经过长时间的悬浮，用户很容易记住。

4. 下播前预热

如果想做下播前的预热，就要养成一个固定下播的习惯，说好几点下播就几点下播。可以在下播前十分钟或者是十五分钟进行下一场直播商品的预热。这个时候，知道商家直播习惯的粉丝就会准点回访商家的直播间，关注下一场有没有他想要的产品。此时你就会发现，下播前有一个流量的回潮。

第四节　直播危机公关

危机公关 5S 原则是指危机发生后为解决危机所采用的五大原则，包括承担责任原则、真诚沟通原则、速度第一原则、系统运行原则、权威证实原则。这是由著名危机处理专家游昌乔提出的，也是经过大量实践验证的基本规律。

一、承担责任

对直播团队来说，产品质量问题是不可避免的危机，由于所带货品绝大部分是合作商家提供的或者代加工的，一旦把关不严，就会出现产品质量问题。社交媒体日益活跃，如果在出现产品质量问题之后，不能及时安抚消费者情绪，也不能及时地承担责任，那么危机将会扩大、升级，甚至从普通的产品质量危机，上升到刑事犯罪。

基于这一规则，一旦发生产品质量危机，直播团队的态度就变得十分重要，这主要表现为利益考量、情感平衡两个方面。正确的处理方式是，先不计较谁对谁错，直播团队首先态度鲜明地主动承担责任，取得消费者的理解和谅解，然后再根据与合作方的协议，追究合作方的责任。

要知道，产品质量危机发生后，消费者的利益会迅速成为公众关注的焦点，公众在这个时候对直播团队的态度高度敏感，因为这直接关系到直播团队的责任担当。如果直播团队此时急于撇清关系，推卸责任，便会出现"公说公有理，婆说婆有理"的状况，双方矛盾也会随之加深。消费者之间存在着唇亡齿寒的利益关联，这种态度很快会引起公众普遍的反感，不仅不利于问题的迅速解决，还会使具体的产品质量问题演变为整个商业链条的品牌危机。与此同时，消费者非常在意直播团队有没有考虑他们的感受，有没有站在他们的立场上考虑问题，毕竟这些消费者绝大多数来自粉丝，对自己的偶像有着高度的信任和情感依赖。在这个基础上，如果直播团队站在消费者的角度表达自己的歉意，对他们做出言辞真诚的抚慰以及适当的经济补偿，就可以解决深层次的心理、情感等关系问题，更能赢得公众的充分理解和信任，从而固化和升级粉丝的情感信任和依赖。

二、真诚沟通

一旦直播团队处于危机漩涡中，其一举一动、一言一行都会被质疑、被放大、被传播。这个时候，任何发言都要深思熟虑，任何行动都要战战兢兢，绝对不能有任何草率的行为，更不能有侥幸的心理，企图蒙混过关。要知道，在玻璃房中、聚光灯下，无数双眼睛盯着，直播团队早已经成为透明人，不可能隐藏任何信息。此时，正确的做法就是真诚沟通，主动与受害者、新闻媒体联系，及时与公众沟通，说明事实真相，从而达成双方的理解，进而消除彼此的误会、疑虑与不安。直播团队只要有足够的诚意，通常都会被理解和谅解，消费者甚至会从"普粉"转变成"铁粉"。

一般来说，在直播带货领域，只要有消费者公开质疑产品的质量问题，那基本就是事实，因为商品看得见摸得着，质量好坏一清二楚。如果非要否认，孤立事件的危机最终便会升级为整体危机，从而直接伤及根本。反而是出了问题就立马道歉或赔付，才是最好的解决方式，也是最好的沟通方式。毕竟，产品有没有质量问题，直播团队比谁都清楚。

三、速度第一

在危机公关的实践中，历来都强调突发负面舆情处理的"黄金24小时原则"。然而，在新媒体和社交媒体的强大冲击下，"黄金24小时原则"已经变成"黄金4小时原则"，甚至变成"黄金4分钟原则"。一条微博、一则短视频、一个微头条，就可以瞬间引爆舆论。随着新闻媒体的迅速介入，一场雪崩式的危机随时都会发生。所以，一定要争取在最短的时间内，用最快的速度、最高的效率，控制事态的发展。及时向公众公开信息，可以消除危机，或者将危机可能造成的损失降到最低。

危机发生后，社会各界都会密切关注直播团队发出的第一份声明。这时，直播团队处理危机的态度、立场、方案，会立刻传遍全网。所以，危机发生后，直播团队必须迅速启动应急预案，当机立断，快速反应，果决行动，表明承担责任的态度，并与媒体、公众真诚沟通，从而迅速控制事态，防止危机扩大和升级，避免全局性失控。事实上，危机发生后，及时有效地控制事态，使其不扩大、不升级、不蔓延，是处理危机的关键。否则，非常容易造成全局性崩盘。

四、系统运行

冰冻三尺，非一日之寒。危机的发生，往往是一系列因素造成的。因此，在处理危机的时候，必须要考虑系统运行原则，不能因逃避一种危险，而忽视另一种危险，从而顾此失彼。只有全盘考虑，系统解决，才能转危为安，化险为夷。

危机处理的系统运行，主要包括图 3-15 所示的内容。

1 避免情绪化决策，冷静面对危机，按照危机处理预案，理性面对，稳住阵脚，以减少内外部的压力；清醒认识，统一意见，信息出口始终如一，避免信息出口多、乱说话

2 按照危机处理手册的要求，迅速成立危机领导小组，由专人负责，高效率指挥协调，有条不紊地释放出诚意、决心和能力等正向信息，以增强公众对直播团队处理危机的信任

3 抓住处理危机的黄金时间，勇于担当，果断决策，系统部署，步步为营，扎实落地

4 激活并调动政府、行业组织、新闻媒体等部门的资源，共同应对危机，以增强公信力、影响力

5 标本兼治，在控制事态后，及时准确地找到危机的症结，对症下药，从根本上切除病根，从而避免事后引发新的危机

图 3-15　危机处理的系统运行

五、权威证实

一旦发生危机，自说自话、大话、套话往往是苍白无力的，直播团队必须拿出足够权威的证据来，并且证据与证据之间要形成严密的证据链，从而增强公众的信心。权威证实既包括权威证据证实，也包括权威第三方证实。千万不要试图造假，否则，一个谎言要用一千个谎言来掩饰。在互联网时代，所有的谎言最终都要付出沉重代价。但很可惜，相当一部分在危机之后走下坡路的直播团队，恰恰犯了这个错误。

第五节　直播售后服务

售后服务让一个客户满意，相当于直播时新增了一百个用户，所以说，一个好的售后服务等于直播前期投入的广告。因此，直播团队应积极保护消费者享有的合法权益，配备专业的服务人员，积极响应消费者诉求，建立售后服务制度，并为消费者提供不少于一种的售后行权渠道。

一、直播前准备

直播团队直播前的准备工作包括但不限于以下内容。

（1）可与商家签订相关的服务质量协议，明确商家提供的售前、售中、售后服务。

（2）可对商家提交的售后保障方案进行评估，确保商家的客服人力配置、人员服务能力符合要求。

（3）可开通商家销售载体账户的监控权限，监控商家的服务履约能力。

（4）最好建立应急处理机制，积极解决消费者投诉。

二、直播中服务

直播团队在直播过程中的服务内容如下。

（1）准确、清晰地介绍交付时间、现货数量、预售数量、物流方式、退换货方式等服务方案。

（2）积极解答消费者咨询的问题，必要时进行演示。

（3）监控商家的服务能力。

三、直播后服务

1. 投诉处理

直播团队应建立投诉处理制度，明确处理流程、节点和各方责任。图3-16所示的是××直播团队建立的投诉处理流程。

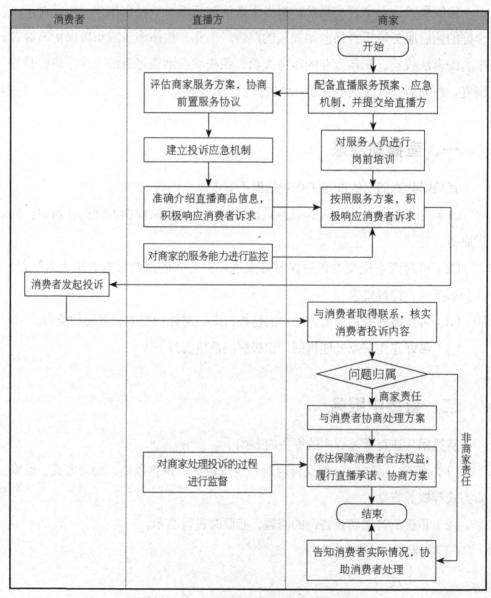

图3-16　××直播团队建立的投诉处理流程

2. 直播后服务内容

直播团队的直播后服务包括但不限于以下内容。

（1）积极履行直播间的交易承诺，并督促商家履行对消费者的交易承诺。

（2）监控商家的服务能力，通过直播账号和其他渠道了解消费者的诉求，并推动商家履行交易承诺，提升服务质量。

（3）建立不低于一种的消费者投诉渠道，受理并解决消费者诉求。

（4）当消费者投诉无法及时处理时，积极协调平台和商家，推动问题解决；必要时启动应急处理机制。

（5）当商家服务能力不能满足消费者需求时，督促商家调整服务方案；必要时可介入商家的服务管理过程，派人员协助，确保商家的售后服务质量，积极保护消费者的权益。

（6）帮助处理消费者的投诉问题，有效阻止消费者进一步投诉或差评现象的发生。

（7）出现违背承诺、要求赔偿等严重情况时，及时核实情况，与消费者协商处理，并与商家共同商议解决方案，推动问题的解决。

3. 舆情监控与处理

直播团队应对包括但不限于抖音、快手、今日头条、微信短视频、新浪微博等传播媒介和平台的消费者诉求进行监察和预警，并积极处理消费者的诉求，必要时还应启动应急处理机制。

四、服务评价

（1）直播团队应给消费者合理评价的权益，为消费者提供对服务进行评价的途径，以提升消费者的满意度。

（2）直播团队应通过销售平台、直播平台持续监控消费者评价，并根据消费者的评价，改良产品，改善服务。

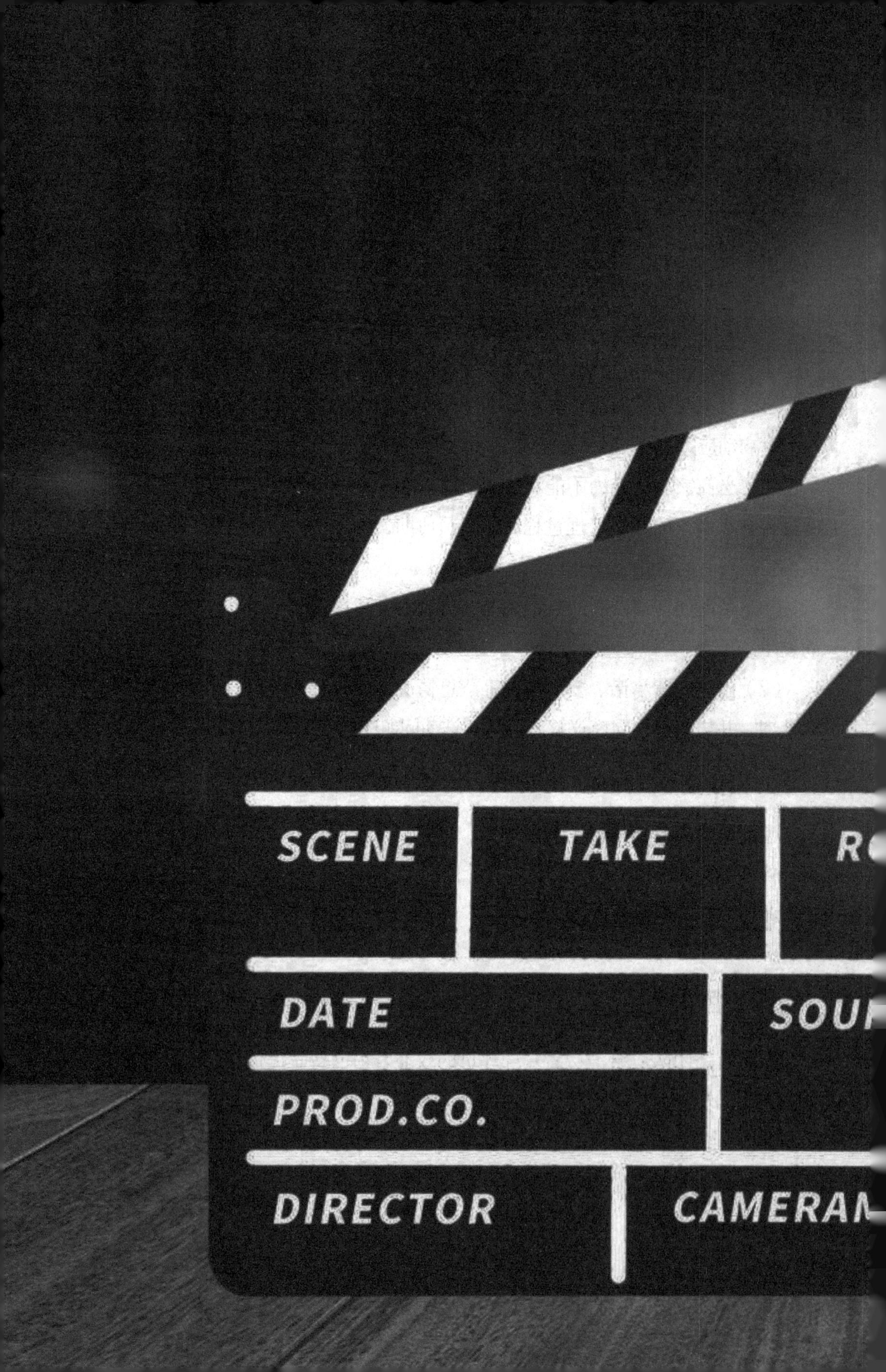
SCENE
TAKE
DATE
PROD.CO.
DIRECTOR

第二部分

短视频制作

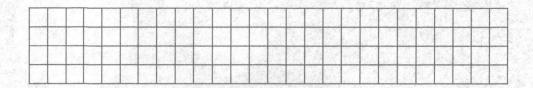

第四章

短视频制作筹备

第一节　主流短视频平台

4G 网络普及以来，短视频行业取得了飞速的发展，短视频平台异军突起，在互联网时代产生了强大的影响力。目前，主流的短视频平台有抖音、快手、美拍、秒拍、西瓜视频、小红书、哔哩哔哩、微信视频号等。

一、抖音

抖音是由字节跳动孵化的一款音乐创意短视频社交软件。该软件于 2016 年 9 月 20 日上线，是一个面向全年龄段的短视频社区平台，用户可以通过这款软件选择歌曲、拍摄音乐作品，并形成自己的作品。

1. 抖音平台定位

抖音是一款音乐创意短视频社交软件。抖音的定位是"年轻、潮流"，能够利用先进的算法给用户推送热门的短视频内容。

2. 抖音平台特色

抖音的核心特色是年轻化。不同于快手记录真实的生活形式，抖音更多地追求新潮和个性化。抖音里会有更多年轻化的设计，可以满足年轻人对时代发展的新潮需求。

3. 抖音平台用户画像

（1）主要以一二线城市年轻用户为主，男女比例比较均衡，女性略大于男性。

（2）用户群体开始向三四线城市逐渐渗透。

（3）用户为城市青年、时尚青年、学生、才艺青年、俊男美女。

（4）用户标签多为喜欢音乐、美食和旅游。

（5）社交风格更趋向于流行时尚、文艺小清新与校园风格。

二、快手

快手是北京快手科技有限公司旗下的产品。快手的前身叫"GIF 快手"，诞生于 2011 年 3 月，最初是一款用来制作、分享 GIF 图片的手机应用软件。2012 年 11 月，快手从纯粹的应用工具转型为短视频社区，成为用户记录和分享生产、生活的平台。后来，随着智能手机、平板电脑的普及和移动流量成本的下降，快手在 2015 年以后迎来市场。

1. 快手平台定位

快手的用户定位是"社会平均人"。快手用户分布在二三线城市，这是由中国社会的形态所决定的。把所有的快手用户抽象成一个人来看，他相当于一个"社会平均人"。中国人口中只有 7% 在一线城市，93% 的人口在二三线城市，所以这个"社会平均人"就落在了二三线城市。

2. 快手平台特色

快手是记录和分享用户生活的平台。它通过视频和直播的方式拉近人与人之间的距离，是一款既贴心又有温度的产品。

在快手上，用户可以用照片和短视频记录自己生活的点滴，也可以通过直播与粉丝实时互动。快手的内容覆盖生活的方方面面，用户遍布全国各地。在这里，人们能找到自己喜欢的内容、自己感兴趣的人，看到更真实有趣的世界，也可以让世界发现真实有趣的自己。

3. 快手平台用户画像

（1）大部分用户来自二线以下城市，四线及以下城市的用户也占很大比例。

（2）从一线城市到五六线城市的生活百态，从田间地头到街道广场。

（3）用户是热爱分享、喜欢热闹、年轻化的"小镇青年"。

（4）很大一部分群体为社会底层中青年。

三、西瓜视频

西瓜视频是字节跳动旗下的中视频平台。2016 年 5 月，西瓜视频前身——头条视频正式上线。2016 年 9 月 20 日，头条视频宣布用 10 亿元扶持短视频创作者。2017 年 6 月，头条视频用户量破 1 亿，DAU 破 1000 万。2017 年 6 月 8 日，头条视频正式升级为西瓜视频。

1. 西瓜视频平台定位

西瓜视频是一款可以长知识、开眼界，以及可以观看电影的视频分享平台，西瓜视频的内容主要以 PGC（Professional Generated Content，指专业生产内容）短视频为主，定位为个性化引荐的聚合类短视频平台。

2. 西瓜视频平台特色

西瓜视频以"点亮对生活的好奇心"为口号，通过人工智能，帮助每个人发现自己喜欢的视频，并帮助视频创作人轻松地向全世界分享自己的视频作品。

3. 西瓜视频平台用户画像

（1）用户男女比例是 8 : 2，以男性为主。

（2）中等收入的一二线城市中的男性是主要受众。

（3）30 岁以上的用户超 7 成，其中，31 ~ 35 岁占比 35.5%，36 ~ 40 岁占比 11.8%，41 岁以上占比 26.9%。

（4）地域上以一二线城市为主，其中，超一线城市占比 10.5%，一线城市占比 33.9%，二线城市占比 21.1%。

四、小红书

小红书是年轻人的生活平台，于 2013 年在上海创立。小红书以"Inspire Lives 分享和发现世界的精彩"为使命，用户可以通过短视频、图文等形式记录自己生活的点滴，分享自己的生活方式，并基于兴趣形成互动。2023 年 2 月 7 日，小红书官方宣布，小红书网页版正式上线。

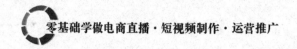

1. 小红书平台定位

小红书的产品定位为，用户分享日常生活及交流的阵地，海内外购物笔记分享的生活社区，以及发现全球好物的电商平台。

2. 小红书平台特色

小红书既是一个生活方式平台，也是一个消费决策入口。在小红书上，用户的数万条真实消费体验，汇成了全球最大的消费口碑库，这也让小红书成了品牌方看重的"智库"。

3. 小红书平台用户画像

目前，小红书的月活跃用户达 2 亿，其中，90 后用户占比 72%，一二线城市用户占比 50%，分享者超 4300 万。同时，在多元化趋势下，小红书的美食、旅行等中性化内容以及科技数码、体育赛事等偏男性内容快速发展，带来了男性用户的快速增长。

小红书的六大人群标签分别是 Z 世代（指新时代人群）、新锐白领、都市潮人、单身贵族、精致妈妈、享乐一族。

从地域划分，活跃用户人群中，广东省人数占比最高，达 18.2%，上海次之。从年龄分布划分，活跃用户人群中，18 ~ 24 岁占比最高，约为 46.39%，25 ~ 34 岁次之。从关注焦点看，小红书用户中关注彩妆的人群最多，这也符合小红书女性用户占比较大的特点。

五、哔哩哔哩

哔哩哔哩，英文名称为 Bilibili，是新时代人群高度聚集的文化社区和视频网站，该网站于 2009 年 6 月 26 日创建，被网友们亲切地称为"B 站"。

1. 哔哩哔哩平台定位

B 站是独特且稀缺的 PUGC（专业用户创作的内容）视频社区，以 PUGC 视频为主，拥有浓厚的社区氛围。同时，B 站具有社区产品特有的高创作渗透率和高互动率，独特的弹幕文化和良好的社区氛围能激发用户积极地创作和互动。

2. 哔哩哔哩平台特色

B 站早期是一个 ACG（动画、漫画、游戏）内容创作与分享的视频网站。经过十年多的发展，围绕用户、创作者和内容，构建了一个源源不断产生优质内容的生态系统，目前 B 站已经是涵盖 7000 多个兴趣圈层的多元文化社区。

B 站拥有动画、番剧、国创、音乐、舞蹈、游戏、知识、生活、娱乐、鬼畜、时尚、放映厅等 15 个内容分区，生活、娱乐、游戏、动漫、科技是 B 站主要的内容品类，B 站也开设了直播、游戏中心、周边等业务板块。

3. 哔哩哔哩平台用户画像

B 站用户群是中国互联网用户群里最年轻的群体，90% 在 25 岁以下，以 90 后和 00 后为主。据统计，超过 50% 的城市年轻网民以及超过 80% 的一线城市的中学生和大学生是 B 站的用户。

B 站用户都聚集在一二线城市，并且有较强的付费意愿，根据统计数据显示，北上广的大学生和中学生成了 B 站用户的半壁江山。年轻有活力的用户群体，一二线城市中有高消费潜力、高付费意愿的群体，都是大众品牌推广战略中的必争人群，这对传统品牌在年轻群体中推广传播具有重大的意义。

六、微信视频号

微信视频号是一个人人可以记录生活和创作作品的平台，也是一个全开放的平台；同时，视频号链接微信生态的打通能力，能借助公众号、搜一搜、看一看、小程序等成熟产品，形成微信生态合力，使优质的内容和服务辐射给更多人。

1. 微信视频号平台定位

微信视频号的目的非常明确，就是快速切入短视频社交领域，挖掘更多的机会点，打造战略级产品。在渠道和营销方面，微信视频号借助微信、QQ 等

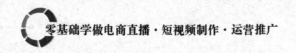

产品的导流，降低了用户的获取成本。

2. 微信视频号平台特点

一是覆盖人群广。微信超十亿的日活量，涵盖了抖音、快手等产品没有覆盖的人群，为视频号自然流量的引进，打下坚实的基础。

二是变现渠道多。公域流量与私域流量的叠加，突破了熟人关系链的束缚。

对于视频号创作者来说，通过转发至微信朋友圈、群聊、好友等，可以更容易获取私域流量的关注。通过好友点赞转发、熟人推荐等方式，没有好友关系的用户也可以互相交流，这样就打开了公域流量关注的空间。

三是形成完整的生态闭环。视频号可以给公众号、小程序、企业号、微信号导流，形成完整的生态闭环，拥有巨大的潜在商业价值。

3. 微信视频号平台用户画像

（1）主力使用人群的年龄集中在 20 ~ 29 岁，其次是 30 ~ 39 岁的用户，且随着年龄的增长用户占比逐步下降。

（2）女性用户占比为 39.73%，男性用户占比为 60.27%。

（3）从用户地域分布上看，一二线城市的用户最活跃，三四线城市的用户相对较少。

（4）从兴趣偏好上看，目前视频号关注度较高的视频有影视音乐、软件应用、教育培训、咨询、书籍阅读等。

第二节　配备制作设备

俗话说"工欲善其事，必先利其器。"要想创作出好的短视频，除了有好的团队外，还要有相应的创作设备。

一、拍摄设备

短视频的拍摄设备主要有手机、单反相机和微单相机。

1. 手机

随着智能手机的普及，手机可以说是最常见的拍摄设备。现在，短视频平台功能日趋完善，进入门槛低，短视频创作者可以直接用手机拍摄短视频并上传至短视频平台。对于刚进入短视频行业且没有资金预算的新人来说，推荐使用手机拍摄。

2. 单反相机

团队发展到稳定阶段，有了一定规模之后，会面向更广大的用户，他们对画质和后期的要求也越来越高，这时便需要考虑使用单反相机进行拍摄。

3. 微单相机

当资金预算有限，又想提高短视频的画质时，可以选择微单相机。与单反相机相比，微单相机体积小、重量轻，拍摄出来的画质也很清晰，性价比较高。

二、稳定设备

画面的稳定性在视频拍摄中尤为重要，它影响着用户的观感体验。如果拍摄出来的画面抖动幅度过大，则很难让人集中精神看下去，这时候就需要一个稳定手机／相机的辅助器材。

稳定设备主要有自拍杆、三脚架和稳定器。

1. 自拍杆

自拍杆作为手机自拍最常使用的设备，不仅可以让手机离身体更远，使镜头纳入更多的拍摄内容，还可以有效保证手机的稳定性。有些自拍杆使用起来很方便，下边的把手可以变成小三脚架；还有些自拍杆的把手位置会有一个开始录制的按键，如图 4-1 所示。

图 4-1　手机自拍杆

2. 三脚架

无论是视频拍摄的业余爱好者还是专业技术人员，在进行视频拍摄时，都离不开三脚架。拍摄者可以用三脚架稳定摄像机，从而改善视频画面，更好地完成拍摄任务。

在选择三脚架时，拍摄者一定要明确制作短视频的内容主线。若拍摄内容为街拍，一定要选用重量轻、体积小的三脚架，这样不容易引起周围人的注意，能够迅速进入拍摄状态。若为影棚拍摄，一定要把三脚架的稳定性放在第一位，而三脚架的重量则无须过多考虑。图 4-2 所示是手机三脚架与相机三脚架。

图 4-2　手机三脚架与相机三脚架

3. 稳定器

稳定器，顾名思义，就是拍摄时用于稳定画面的设备。无论被拍者是站立、走动还是跑动，稳定器都能保证拍摄出稳定顺畅的画面。稳定器可分为手机稳定器和相机稳定器，如图 4-3 所示。

图 4-3　手机稳定器与相机稳定器

三、收音设备

短视频创作是视听语言的呈现，它兼具流畅的画面与饱满立体的声音。当我们用原生手机的麦克风或者相机自带的麦克风内录，收音的时候容易受环境的影响，录制的声音会很嘈杂、浑浊，这时候我们就需要用到收音的辅助设备，即收音麦克风。

目前常用的收音设备有机顶麦克风、领夹麦克风、外录收音设备等。

1. 机顶麦克风

使用机顶麦克风时，要指向收音，固定位置，且保持正向对着声源，声音不能离麦克风太远。如果是多人移动拍摄，一般要配合使用挑杆，随时调整麦克风的位置。这种麦克风是目前使用最广泛的收音设备，如图 4-4 所示。

图 4-4　机顶麦克风

2. 领夹麦克风

领夹麦克风允许说话者在表演时自如活动且不影响声源的拾取，多用于会场表演、个人 UP 主录制视频，如图 4-5 所示。

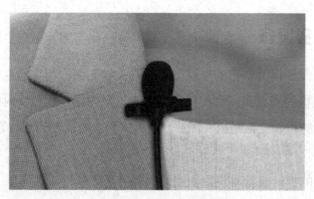

图 4-5　领夹麦克风

3. 外录收音设备

外录收音设备属于专业级收音设备，如图 4-6 所示，其采用立体双声道录制，声音饱满真实,适合对声音要求比较高的用户。

图 4-6 外录收音设备

相关链接

如何选购麦克风

选购麦克风时应关注以下两个重要指标。

1.麦克风的指向性

(1)全指向型:对于来自不同角度的声源,麦克风的灵敏度是一样的,可以从所有方向均衡地收取声音。全指向型麦克风适合演讲或者移动的声源,使声源活动空间更大。

(2)心型指向:对于来自麦克风前方的声音有很好的收音效果,而来自麦克风后面或者其他方向的声源则会被衰减,所以心型指向麦克风适合复杂的环境,单向收音。

2.麦克风信噪比

音频信噪比是指麦克风收音的时候,正常声音信号强度与噪声信号强度的比值。信噪比数值越高,噪声越小。

四、摄影棚

摄影棚的搭建是短视频前期拍摄准备中成本支出最高的一部分，它对于专业的短视频拍摄团队是必不可少的。要想搭建一个摄影棚，首先需要一个 30 平方米左右的工作室，因为过小的场地可能会导致摄影师的拍摄距离不够。

摄影棚搭建完毕后，要进行内部的装修设计。装修设计必须依照短视频的拍摄主题来进行，应最大限度地利用有限的场地，道具的安排也要合理，以避免浪费空间。短视频的拍摄场景不是一成不变的，因此要求场景设计一定要灵活，这样才能保证在短视频拍摄过程中可以自由地改变场景。

五、灯光照明设备

在短视频制作过程中，为了保证更好的拍摄效果，应尽量配备光源。需求不高的拍摄场景可以选择柔灯箱，它的价格低廉，但是使用起来很麻烦，需要装配，且不便于携带。如果有预算，可以考虑使用 LED 补光灯，它体积小、重量轻。

LED 补光灯有以下几种类型。

1. 保荣卡口 LED 补光灯

这种类型的 LED 补光灯（如图 4-7 所示）比较受欢迎，是各大机构、专业主播常用的补光灯，功率从 60 瓦到 500 瓦不等。其优点是，功率比其他几种 LED 补光灯大，可以搭载各种光效附件，如柔光箱、标准罩、菲涅尔镜片以及各种影棚灯保荣卡口附件；这种灯的光效可控，非常适合进行创作布光。

图 4-7　保荣卡口 LED 补光灯

2. 室内灯箱式 LED 补光灯

这种灯箱式 LED 补光灯（如图 4-8 所示）是专业保荣卡口补光灯的简化版本。保荣卡口补光灯一般价格比较贵，而这种灯箱式补光灯，自带一个柔光箱，输出的光线比较柔和，且比保荣卡口 LED 补光灯的价格更加亲民。

图 4-8　灯箱式 LED 补光灯

3. 口袋灯

口袋灯体积小巧，方便携带；一般采用冷暖色温，加上 RGB 彩色，充电一次能用一个多小时，适合拍摄小型静物的题材。但口袋灯发光面积小，打在人脸上的光比较硬，比较平，人像补光效果一般，应急用还可以，不适合人像创作。另外，口袋灯功率小，距离超过 2 米就基本没什么效果了。

4. 平板 LED 补光灯

平板 LED 补光灯（如图 4-9 所示）可说是口袋灯的放大版，功率比口袋灯大，加上柔光纸，光质更柔和。这种类型的补光灯，价格几百到上千元不等，有的上面还带有四叶遮光板。而且这种灯自带充电电池，室内拍摄时，可自由移动灯位。但平板LED补光灯性价比不高，没有保荣卡口，不能搭载柔光箱、雷达罩等摄影附件。

图 4-9　平板 LED 补光灯

5. 棒灯（冰灯）

这种灯（如图4-10所示）的构成跟平板LED补光灯一样，它是长条版本的，有的可以充电，有的用电池供电。它可以单手手持，在没有助理的情况下，可以一手拿相机，一手拿棒灯。而且它携带和收纳比较方便，可以直接挂在摄影包上。但其发光面积小，适合小范围的拍摄补光。

图 4-10　棒灯

6. 环形补光灯

环形补光灯（如图 4-11 所示）是目前各大主播使用最多的补光灯，其价格便宜，光照均匀，环形设计，自带眼神光，备受女主播的喜欢。

图 4-11　环形补光灯

相关链接

LED 补光灯的选购技巧

如何在一堆复杂的参数中，找到最适合自己的补光灯？其中，最重要的有以下三个指标。

1. 补光灯的功率

目前，市面上补光灯的功率从几十瓦到几千瓦不等，功率强度决定着光照强度，功率越大，补光灯的光照强度也就越大，照射的距离也就越远。

2. 补光灯的显色指数

显色指数是照明领域中一个很重要的指标，显色指数是灯光对被照射物体色彩还原的真实程度，通常用 CRI 或者 Ra 表示。该数值的范围为 0 到 100，且数值越接近 100，显色性越好，显色指数≥ ≥92 才算合格标准。

3. 补光灯的亮度调节范围

目前，大部分补光灯都是可以调节灯光输出功率的，可根据拍摄人物的距离调节亮度输出。

六、视频剪辑软件

视频剪辑软件是对视频源进行非线性编辑的软件。短视频制作者可利用视频剪辑软件将加入的图片、背景音乐、特效、场景等素材与视频进行重新混合，并对视频源进行切割或合并，通过二次编码生成具有不同表现力的新视频。目前，常用的视频剪辑软件包括 Premiere、EDIUS、会声会影、爱剪辑等。

七、脚本

脚本是拍摄短视频的根本性指导文件，是短视频作品的灵魂，它为整个短视频的内容及观点奠定了基础。一个优秀的脚本可以让短视频具有更加丰富的内涵，引起观众的深度共鸣。在拍摄短视频的过程中，一切场地安排与情节设置都要遵从脚本的设计，以免产生与拍摄主题不符的情况。

第三节　创建短视频账号

要想运营一个短视频账号，短视频账号设计是必不可少的。短视频账号设计包括账号名字、头像、背景图和个性化签名。

一、账号起名

一个好名字相当于一个人的品牌标识，让你与其他人区别开来，在用户心中形成定位；同时也可让你的产品与某一个领域或者某一个品类等价。

1. 账号起名的标准

在这个信息爆炸的时代，消费者的注意力被无限瓜分，辨识度成了短视频平台命名的首要因素。在快速划过的手机屏上，让人一眼就记住的名字才有被关注的希望。

那么，如何起名才能让用户记住和关注呢？可参照图 4-12 所示的三个标准。

图 4-12　账号起名的标准

2. 账号起名的关键点

（1）表明立意，即"我是谁，我是干什么的"

名字主要表达两件事："我是谁""是做什么的"。取名的目的是，让用户一眼就明白账号的定位，直接减少沟通成本。不要让用户因不理解名字意思而内心毫无波动，从而打消用户关注账号的积极性。

（2）植入相契合的关键词

取名其实就是变相地植入关键词。因此首先要明确账号的定位，想清楚自己要表达哪一方面的内容，然后在名字中加入贴合的内容关键词。

（3）规划一个方向，切勿频繁地更换名字

账号有了精准的定位，确定了固定的名字以后，就要尽全力生产符合此内容的视频，争取在规划的方向上越走越远。但是要记住，切勿频繁地更换名字。因为，当账号以某个名字发布了一段时间的内容后，就会产生一定的用户群体。而个别用户还处在摇摆不定的状态，他们会观看账号发布的视频，但并不关注账号。如果账号不断地更换名字，必然会遗失掉这部分人，从而影响后续的联动发展。

3.账号起名的方法

（1）用真名或者网名

用真名或者网名打造人设，可让用户一想到这个名字就想起账号。这种类型的账号名称比较适合歌手、演员、名人等，因为他们自身就具有一定的知名度，用自己的真名更有利于被用户发现。

小提示

　　用真名或网名做账号名称时，要尽可能选择重名率较低的名字。如果账号重名很多，则用户很难将该账号跟别人的账号区分开来。

（2）名字＋专业领域

假设账号的定位是美食领域，可以按"自己名字＋美食范围"来命名。

比如，看到"鑫妈家常菜"这个账号名称，用户大致就知道账号输出的主要内容是家常菜的做法，以及一些厨房常识的分享。

（3）产品/品牌＋昵称

用"产品或品牌＋昵称"起名，可以增加品牌的曝光量，这种名称类型也是比较常见的。

比如，"左先生·婚礼宴会设计"，就能让用户直观地了解到账号跟婚礼宴会设计相关。

（4）名字＋职业

这类名称比较适合知识输出类账号。

比如，用户看到账号"薄世宁医生"，就能清楚账号主人是一位医生，那么账号的输出内容大概就是医学科普或者医生的工作日常。

（5）名字＋小众领域

小众领域可以分为电影解说、书籍解说、动漫混剪等。

比如，用户看到"阿火说电影"，就可以判断出账号是关于电影解说的。

账号输出的内容要和名称领域相关，不能名称是书籍解读，发布的视频内容却是动漫混剪。账号名称跟视频内容对不上，会让用户一头雾水，不知道账号到底是干什么的。

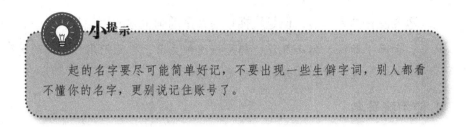

小提示

　　起的名字要尽可能简单好记，不要出现一些生僻字词，别人都看不懂你的名字，更别说记住账号了。

二、账号头像设计

头像往往是用户识别短视频账号的一个重要标准，很多用户关注短视频的时候，也会关注账号的头像。那么，如何选取头像，才能吸引用户呢？可参考图4-13所示的方式。

图4-13 账号头像设置的方式

1. 使用真人真像

真人头像比较适合有真人出镜的短视频。当用户看到真人头像的时候，会觉得更亲切，尤其是美女、帅哥，或者幽默的头像，更容易吸引用户点进短视频主页，如果主页内容还不错的话，就会引发他们的关注。

2. 使用图文 logo

主要适合于一些品牌方的头像，直观形象，而且能强化自身的品牌形象。

3. 使用动画角色

比较适合没有真人出镜，但是短视频内容是动画主角的短视频。

比如，动画小和尚、猪小屁等，都是短视频主角，当他们用作头像的时候，用户一下子就能知道短视频账号的定位是什么。

4. 使用账号名

如果企业的品牌商标没有那么众所周知，也可以用账号作头像。商标和名字可以结合，以便帮助用户认识企业、记住企业。

这种头像一般都比较简洁，但要注重设计感，毕竟头像本身就是账号名称，如果只是黑色大字摆在那里，是无法吸引用户的。色彩方面可以使用与背景色和字体形成强烈对比的颜色，也可以将账号名称用艺术字体表现出来。

5. 使用卡通头像

如果实在不知道应该用什么作为头像的话，那么使用卡通头像也是一个不错的选择。

比如，可以选择一个搞怪的卡通头像，然后在短视频中再配上搞怪的配音，如此，一个搞怪的人设就立起来了。

三、账号背景图设计

背景图是用户点开短视频账号页面时出现的图片，它的目的在于引导用户关注。所以，短视频运营者可以使用具有特色的图案或有趣的话语为用户提供心理暗示。

比如，"戳这里，你敢不敢关注我一下！""差一点，我们就擦肩而过了！""点这里都是我的人！就差你一个关注了！"等。

此外，背景图的颜色应该与头像颜色相呼应，与账号主体形成统一的风格，同时背景图还要美观且有辨识度。

比如，"软软大测评"的背景图设计就非常好。首先背景图的颜色与账号颜色是相呼应的，背景上萌萌的化学试剂的卡通图与账号头像的卡通图也是相呼应的。另外，背景图上的文字"点赞评论加转发，软软让你乐哈哈""关注一下咯"则可以引导用户关注。可以说，"软软大测评"的背景图是一个标准的模板。

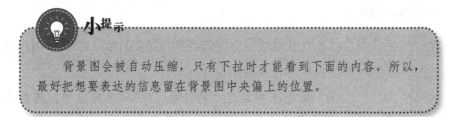

小提示

　　背景图会被自动压缩，只有下拉时才能看到下面的内容。所以，最好把想要表达的信息留在背景图中央偏上的位置。

四、账号个性化签名设计

一个完整的短视频账号设计除了账号名字、头像和背景图外，还要有个性化签名。个性化签名一般能够向用户传递该账号能为他提供什么，也能让用户看到账号的个性所在。尤其当用户不是非常熟悉短视频内容时，精准的个性化签名不仅可以准确地让用户知道账号的定位是什么，即账号提供的内容是不是用户需要或感兴趣的，还可以让用户知道账号的态度和理念是什么。所以，短视频运营者也要注重个性化签名的设计，应根据账号的定位设计个性化签名，突出 2 ~ 3 个特点，用一句话表述清楚就行。

账号个性化签名一般有图 4-14 所示的三种形式。

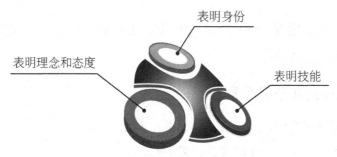

图 4-14 账号个性化签名的形式

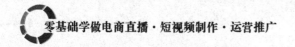

1.表明身份

即用一句话向用户介绍自己的身份,一般的句式是形容词 + 名词。

比如,"papi酱"的个性签名是"一个集美貌与才华于一身的女子。""刘老师说电影"用"我是知识嗷嗷丰富,嗓音贼啦炫酷,光一个背影往那一杵就能吸引粉丝无数的刘老师"这一句话向用户传递了短视频博主的形象。

2.表明技能

用一句话表明自己在入驻领域输出的内容和技能是什么,能够给用户带来什么。

比如,"秋叶Excel"的个性签名是"关注我,Excel边玩边学,还能获取海量办公神器!"

3.表明理念和态度

这种个性化签名常以金句或走心的句子表现出来,展示自己的内心态度和理念。

比如,"一条"的个性签名是"所有未在美中度过的生活,都是被浪费了。"值得强调的是,很多短视频运营者会选择在多平台建立短视频账号矩阵。为了能够扩大账号在各大平台上的影响力,帮助用户迅速识别你的短视频账号,短视频账号一经确定后,就应在各个短视频平台上保持一致,不要随意更改,以免影响用户和粉丝对账号的识别和认知。

五、账号养号

对于新注册的短视频账号来说,容易遇到播放量不高、缺少热门话题等问题,这个时候就需要养号。

1.什么样的账号需要养

(1)新账号刚注册,没权重、没标签,需要养号。

(2)老账号用户少,作品太杂,需要养号。

（3）发布 10 个以上作品，播放量不超过 500，需要养号。

2. 养号技巧

新号注册后，用户先不要完善资料和进行实名认证，不要发布任何视频，不要急着卖货和做广告，也不要进行任何敏感操作。

（1）首先去关注几个比较热门的大 V 号，给别人点点关注，看几天别人的作品。

（2）可以去同城页面，进入人数较多的直播间，看一会直播，偶尔发一句弹幕，内容为正常的打招呼就可以。

（3）在垂直领域多关注同行，为其优质作品点赞、转发和评论，以保持活跃度，增加账号的权重（此时不要发广告）。尽量合理安排时间，让系统判定该账号为真实用户。

3. 账号养号和不养号的区别

（1）账号养号

评论时间短，出版成功率高，定位清晰，粉丝准确，视频播放量大。

（2）账号不养号

作品审查时间长，发布容易失败，定位不清，粉丝不准确，视频播放量低。只有找到自己的方向和位置，系统才会给账号更多的流量。

相关链接

抖音养号攻略

1. 如何养号

抖音养号，简单地说就是模仿真人实操，让系统给账号打上相应的标签，以达到积累权重的目的，具体操作如下。

（1）申请短视频号时一定要用手机号申请并登录，手机号要实名。

（2）账号可以关联今日头条号等，增加账号权重。

（3）养号记住三个一，即一机、一卡、一号，不要在一部手机上同时切换两个账号。

（4）内容垂直、账号标签化，如果你做美食内容，就多看美食作品、多关注美食类账号。

（5）关注10个以上同类目账号，直到系统给你推荐的内容有60%以上是你关注的领域，这样你的账号就被系统打好了"标签"。

（6）看推荐视频、同城视频，分不同时间段观看，每天一小时以上。看作品一定要注意完播率，不要刷得太快，好的作品一定要看完，然后点赞，有些还需要评论。

（7）养号期间不要频繁修改资料，不要留下任何联系方式，不要发视频。

（8）不用公共网络，要用手机流量操作。

（9）评论不要出现敏感以及政治类话题。

（10）也可以多关注同行的直播间，适当刷几块钱的小礼物，以提高账号的权重。

2. 如何判断抖音养号成功

养号7天后发一个测试视频，一般播放量在300～500，即证明养号成功。

3. 抖音账号违规如何补救

养号期间如果被系统警告、限流，最简单的操作方法就是修改信息，然后再养七天，养号完成后再做视频测试。如果播放量在几十以内，即正面养号失败。此时建议安卓手机直接恢复出厂设置；苹果手机刷机，重装系统，换ID。

六、账号定位

俗话说"先谋而后动"，只有前期做好了详细的规划，后期才会事半功倍。账号定位的主要目的就是确定账号的主攻领域。短视频账号的定位越明确、领域越垂直，粉丝就会越精准，商业变现也就越轻松。

我们在进行短视频账号定位时，可以参考图 4-15 所示的步骤进行。

图 4-15　账号定位的步骤

1. 确定变现方式

在进行账号定位前要先明确变现方式。变现方式可以结合产品信息、企业的商业模式、自己擅长的领域来确定。

比如，你擅长剪辑，那么后期可以通过卖剪辑课来变现。

2. 分析粉丝画像

明确变现方式后，需要根据变现方式来确定目标群体，也就是确定吸引什么样的粉丝。通常，粉丝画像包括性别、年龄、个性等方面，需要从这些方面来分析他们的消费习惯和消费喜好。

3. 明确账号内容和形式

在明确了账号的整体方向后，接下来就要明确账号的内容和形式。最好的方法就是参考同行账号，做竞品分析,借鉴他们做得好的地方,不断优化自己的账号。

分析同行账号，我们可以从主客观两个角度出发。

（1）主观分析

第一，分析同行账号内容的用户吸引度，确定这种类型的账号是否受用户欢迎。第二，从账号内容的优缺点来分析。

比如，同行账号的转化率和变现率如何，如果转化率不高，自己也没有尝试的必要。

（2）客观分析

第一,分析用户习惯。观察同行账号近一到两周作品的发布时间、发布频率,总结哪个时间段的流量最好，从而减少自己的试错时间。

第二，分析同行的差异点。无论是什么类型的账号，想要获得用户的关注，都需要有一个"最"字。

比如，最会搭配色彩的插花师、最会摄影的花店老板、最会改造旧物的绘画家……

只有当账号有了"最"，才能在用户心里建立特殊的记忆点，成功获得更多人的关注。

第三，做好市场调研。观察同行账号近一个月的流量情况，并根据流量反馈来分析市场饱和度。如果一个有十几万甚至上百万粉丝的大号，作品流量只有几千，那么说明这种类型账号的市场需求可能不高。对于一个新账号来说，想要从 0 到 1 做到同类型账号的水平，可能要花费更多精力。

4. 细分定位

账号总体的定位确定后，接下来就要进行细分定位了，包括出镜演员的确定、人设的定位及打造等。

人设的定位也是打造账号差异化的重要方法，就好比提起集美貌与才华于一身的女子，大家就会想起 papi 酱一样，人设会给用户留下非常深刻的记忆点。那么，在进行人设定位时，需要考虑哪些因素呢？具体如表 4-1 所示。

表 4-1　人设定位需考虑的因素

序号	考虑因素	具体说明
1	形象和个性	人设的第一个表现形式就是人物的形象和个性，毕竟用户通过短视频了解一个人时，首先就是从人物的形象和个性来进行判断的，如个性特征、面部特点、穿着等。其次就是从个性的展现来判断，比如，甜美的笑容一般可以展现人物温柔可爱的个性，冷酷的表情则一般展现人物高冷的个性等
2	理念	在定位短视频的人设时，需要先考虑理念，比如教大家三分钟化妆出门、简洁朴素的生活方式、健康生活养成等。需要注意的是，在考虑理念的时候，还应当考虑该理念是不是符合短视频主角的形象
3	行为	要想加深人设，行为也是非常重要的。比如搞笑人设，就可以从说话方式、口头禅、小动作等方面来进行考量，一口流利的地方方言、有趣的口头禅等，都可以加深这种搞笑人设

续表

序号	考虑因素	具体说明
4	声音	并不是所有的人设都需要用到声音，但声音往往可以给人设很大的加成。比如甜妹的声音、御姐的声音、正太的声音等，都可以体现人设的特点。值得一提的是，如果不想展示自己的声音，那么也可以用配音，可以选择御姐音、萌妹音、方言配音、动漫音等
5	兴趣爱好	在定位短视频的人设时，最好选择自己感兴趣的方向，和自己日常的真实性格不要相差太远。比如，平时喜欢做美食的，就可以将人设定位为美丽俏厨娘；养宠物的，就可以定位为爱宠人设等

5. 确定表现形式

确定了以上内容后，我们就可以根据实际需求和团队情况，选择合适的表现形式。出色的表现形式能让短视频的内容更出彩。一般来说，常见的表现形式有图 4-16 所示的几种。

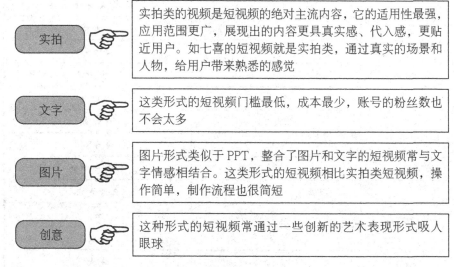

图 4-16 常见的表现形式

短视频运营者在定位时，就要明确短视频的表现形式，最好能在一段时间内保持统一，这样可以加深粉丝的印象，同时也能降低短视频创作的难度。

如何做好抖音账号定位

在抖音账号运营的四大维度中，账号定位是基础，也是后续爆发增长、商业变现、持续生存的第一步。

1.选择切入的赛道

在开始运营一个新账号前，要先考虑账号的行业方向。热门赛道有更多成功案例可以参考，相对而言，竞争也更加激烈。而一些小众领域，虽然内容受众不够广，但是更容易获得创新优势，尤其是近几年垂直类的内容，在抖音大受欢迎。

抖音各类账号盘点

类型	细分领域	热度
颜值类	达人帅哥/美女	★★★★★
	萌娃	★★★★
	宠物	★★★
	穿搭	★★★
	时尚	★★
才艺类	音乐	★★★
	舞蹈	★★★
	创意	★★★
	美妆	★★★★★
兴趣类	游戏	★★★★
	摄影教学	★
	动漫	★★
	旅行	★★
	种草	★★
	美食	★★★★★
	汽车	★★★★★
	户外	★★★

续表

类型	细分领域	热度
知识类	知识资讯	★★★
	健康	★★
	教育	★★
	职场	★
	家居	★★★
	科技	★
	办公软件	★★
	文学艺术	★★
	手工手绘	★★
剧情类	剧情	★★★★★
	影视娱乐	★★★★★
	搞笑	★★★★★
	情感	★★★★★
	生活	★★★

2. 确定赛道的功能价值

所谓功能价值，就是对用户来说，你的账号可以带给他们什么，对他们有什么好处，能提供什么服务。简单来说，就是给用户一个关注账号的理由。

比如，教你做好吃的菜、教你买便宜且优质的产品、教你生活小妙招、推荐一些好吃好玩的攻略、介绍各地风土风情、测评热门产品避免踩坑、和你分享创业经验、为你免费提供理财建议、表演才艺或段子……

3. 找到角色定位

通常情况下，我们把抖音上的人设类型按照观众视角分为三大类，即仰视型、平视型和俯视型。

（1）仰视型

打造仰视型人设有三个要素，一是人设/角色有突出的品格；二是经历稀缺，难以复制；三是在专业领域有一技之长。

（2）平视型

平视型人设通常是"优点与缺点并存"的普通人，也是生活中交集最多的人，如同学、同事、亲戚、闺蜜、家人、伴侣等。

（3）俯视型

俯视型人设更多的是娱乐、服务用户，比较接地气，没有什么偶像包袱，常通过扮丑、反串等演绎来达到搞笑的效果。

4.设计人设的辨识度

"好看的皮囊千篇一律，有趣的灵魂万里挑一。"在设计人设/角色的时候，需要有能让用户印象深刻的"点"，这样用户才能真正记住这个人物、这个账号。打造人设的辨识度可以从人物性格、经历、穿搭、口头禅（高频词）这四个方面入手。

5.形成完整的账号画像

在完成完整的账号设计之后，我们要用一句话来概括这个账号是做什么的。如果能够清晰地用一句话来表达，那么说明我们对于账号的思考是很清晰的。

比如，

@MR～白冰：钢铁直男——爱好车、特宠粉、超爱吃、不挑食。（人设清晰，突出车/吃/宠粉）

@康仔农人：记录农村美好生活，和大家一起分享乡村传统美食，给大家传递一份小小的快乐。（突出农村、美食、快乐）

@陶白白Sensei：关于星座的一切，我来告诉你。（突出专注星座领域）

6.参考对标账号，优化调整

要想找到合适的对标账号，可以打开飞瓜数据的"播主排行榜"，选择相应的榜单、想要查看的行业，找到该类型的优质账号。

7.参考账号装修，完成内容信息搭建

（1）账号主页

①昵称：一般分为两个类型，一是突出人设，二是突出账号功能。

②头像：有人设的尽量真人出镜，要图像清晰，有辨识度。

③背景：与账号定位相结合，突出账号的属性。

④介绍：博主信息＋账号介绍＋更新时间＋商务方式。

（2）视频封面

①建议突出出镜人设，加深用户的记忆度。

②封面带上视频关键词，更能激发用户的观看兴趣。

③连续剧集封面保持系列感，在整体观感上统一。

8.分析账号数据，着重关注拐点

查看账号近90天的粉丝增量趋势图，确定是否有爆发点，重点分析爆发点前后视频内容的变化。同时也要特别注意涨粉的"低谷区域"，分析是什么原因导致涨粉效果欠佳。

查看涨粉高峰和低谷所对应的视频，对视频进行分析并形成表格，可作为素材库使用。可从视频的选题、脚本、演员、音乐等方面进行分析，同时，关注视频的评论热词，查看用户的喜好点，进一步把握同类视频的拍摄方法。

9. 分析用户画像，聚焦目标群体

用户的性别、年龄、地域是最基本的画像，由此可以初步进行下列判断。

（1）性别比例：是男性更多还是女性更多。如果某种性别的用户占有绝对比例，那么内容可以更偏向某一侧。

（2）年龄区间：青年、中年、老年群体的占比情况，可作为视频题材类型、语言风格的参考。（比如，同样是剧情类内容，聚焦职场的受众多为年轻群体，家庭婆媳关系的受众多为中老年群体。）

（3）地域分布：南方用户更多还是北方用户更多？是否集中分布在某一城市，城市级别如何？（是一线城市高端用户多，还是三四线城市下沉用户多？）

喜欢看某一主播视频的用户，还喜欢看哪些账号的视频？利用"粉丝重合度"的功能，可以帮助你发现更多的同类账号，快速找到对标的竞品。

第四节　撰写短视频脚本

对于刚开始做短视频的新人来说，拍摄手法、技巧、装备等都不是最重要的，最重要的是视频内容，而做好视频内容的前提则是要有一个完整的视频脚本。

一、什么是脚本

脚本是拍摄视频的依据，前期的准备工作、后续的拍摄与剪辑等都要基于脚本。

简单来说，脚本可以理解为电视剧的剧本，剧情朝着哪个方向发展、演员如何表演以及剧情的取景都是编剧事先设定好的。短视频脚本也是如此。

我们可以把短视频的脚本理解为短视频拍摄、剪辑的依据，一切参与短视频拍摄的编导、摄影师、剪辑师、演员、道具等，都要服从于脚本。有了脚本，视频的主题也就定下来了，演员知道怎么演，摄影师也能知道拍摄的重点。

二、脚本的要素

在拍摄脚本里面，我们要对每一个镜头进行细致的设计，主要包括图 4-17 所示的几个要素。

图 4-17　短视频脚本包含的要素

1. 场景

拍摄场景总体来说就是拍摄的环境。

比如，会议室、广场、超市、酒店、街道等。

2. 景别

景别是指拍摄的时候要用到远景、全景、中景、近景、特写中的一种或是几种。

比如，拍摄人物时，远景把整个人和环境都拍摄在画面里，常用来展示事件发生的时间、环境、规模和气氛，像一些战争的场景。全景比远景更近一点，把人物的身体整个展示在画面里，用来表现人物的全身动作，或者是人物之间的关系。中景是指拍摄人物膝盖至头顶的部分，不仅能够让用户看清人物的表情，而且有利于显示人物的形体动作。近景是指拍摄人物胸部以上至头顶的部位，非常有利于表现人物的面部表情、神态，甚至是细微动作。特写是对人物的眼睛、鼻子、嘴、手指、脚趾等具体部位进行拍摄，用来突出细节。

3. 角度

镜头角度主要有平视、斜角、仰角和俯角。

（1）平视，是最基本的拍摄角度，能客观表现内容，镜头与被拍摄对象眼睛齐高。

（2）斜角，是故意倾斜拍摄，以便让大家注意到画面失调。

（3）仰角，从低角度仰视拍摄，可以使被拍摄对象更加高大或占据主导地位。

（4）俯角，从高往下拍摄，让人物显得比较弱小。

4. 运镜

运镜就是指镜头的运动方式（摄像机镜头调焦方式），比如从近到远推进、平移推进、旋转推进。

5. 演员

演员是剧本中扮演某个角色的人物。

比如，男主、女主、路人。

6. 服装

服装有衣服、鞋子、包包等，以便演员根据不同的场景进行搭配。

7. 道具

可以选的道具有很多种，玩法也有很多，但是需要注意的是，道具应起到画龙点睛的作用，而不是画蛇添足，不要让它抢了主体的风采。

8. 内容

内容包括演员的台词、解说稿、镜头、需要拍摄的画面等。台词是为了镜头表达准备的，可起到画龙点睛的作用。一般来说，60秒的短视频，文字不要超过180个，不然会让观众听着特别累。

9. 时长

时长指的是单个镜头时长，应提前标注清楚，以便在剪辑的时候找到重点，从而提高剪辑的工作效率。

10. 拍摄参照（图例）

有时候，我们想要的拍摄效果和最终出来的效果是存在差异的，我们可以找到同类的样品和摄影师进行沟通，告知哪些场景和镜头是想要表达的，这样摄影师才能根据需求进行内容制作。

11. 背景音乐

背景音乐（black ground music，BGM）是短视频拍摄时必要的构成部分，配合场景选择合适的音乐非常关键。

比如，拍摄帅哥美女等达人，可选择流行和嘻哈等快节奏的音乐；拍摄中国风，则要选择节奏偏慢的唯美音乐；拍摄运动风格的视频，就要选择鼓点清晰、有节奏的音乐；拍摄育儿和家庭剧，可以选择轻音乐、暖音乐。

这方面需要多积累，可以学习别人的做法，也可以选择平台上近期火爆的BGM。

12. 备注

可以在拍摄脚本最后一列打上备注，写下拍摄需要注意的事项，以便摄影师理解。备注写得通俗易懂就行，没有什么需要备注的可以省略。

三、撰写脚本的准备工作

在开始下笔撰写短视频脚本前，必须先确定此次短视频的内容思路，具体如图4-18所示。

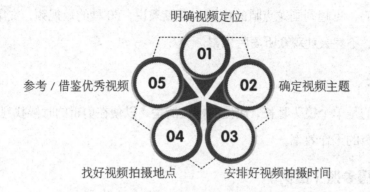

图 4-18　脚本写作前的准备工作

1. 明确视频定位

通常，短视频账号都会有明确的账号定位，如美食类、服装穿搭类、职场类、生活小技巧分享类、街头访问类等。所以，我们在策划每个短视频内容之前，都要明确自己的账号定位。

不管是平台，还是用户，都比较喜欢垂直内容。

2. 确定视频主题

基于账号定位，我们可以确定此次具体短视频拍摄的主题。

比如，彩妆分享类账号，可以拍摄一个干皮底妆"种草"分享，作为具体的视频主题。

又如，服装穿搭类账号，可以拍摄一条 T 恤与裤装搭配的视频，作为具体的拍摄主题。

3. 安排好视频拍摄时间

如果你的短视频需要多人或者与别人合作拍摄，就需要提前安排好视频拍摄时间，一是可以制成可落地的拍摄方案，不产生拖拉问题；二是不影响前期准备、后期剪辑的工作进度。

4. 找好视频拍摄地点

拍摄地点可以是室内也可以是室外，再具体一点，也可以是街道或广场。

部分拍摄地点可能需要提前预约或沟通,这样才能不影响拍摄进度。

5. 参考 / 借鉴优秀视频

刚开始接触短视频制作时,自己想要的视频拍摄效果和最终出来的效果总是会存在差异。这时,建议提前学习一些视频拍摄手法和技巧,或者直接借鉴、学习专家的拍摄内容。

四、撰写脚本的技巧

脚本是短视频拍摄所需的大纲,或者说是一个剧本。合理规划脚本的架构和逻辑且形成风格,能让用户更容易记忆,从而提高内容的吸引力。那么如何写好脚本呢?可借鉴图 4-19 所示的技巧。

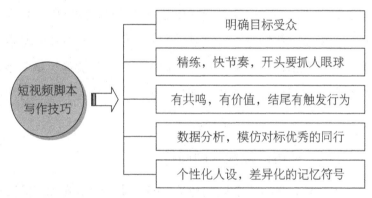

图 4-19　短视频脚本写作技巧

1. 明确目标受众

撰写文案之前,需要明确短视频的主题是什么,想要表达什么,是娱乐类的,还是干货类的,或者其他;明确目标受众的用户画像,他们关注什么、喜欢什么、讨厌什么等一系列问题。搞清楚了这些,才能制作出让目标用户有感觉、有共鸣的作品,从而产生互动、分享等后续行为,让视频数据有更好的表现,以便进入平台下一波流量推荐池。

2. 精练，快节奏，开头要抓人眼球

短视频有时间限制，讲究快节奏，因此需要精练的文案，迅速吸引目标受众的注意力。很多人是在碎片化的环境下看短视频的，不会在一个视频上花太多的时间，同时，他们也会有更多的选择，从一个视频到下一个视频，只要轻轻一划就行了。所以，开头的文案非常关键，一定要有诱惑力，能够调动用户的情绪，或者激发他们的好奇心，让他们继续看下去。其实一个视频真正吸引用户的时间，就只有开头的三秒，如果在三秒钟之内没有吸引到他们，他们就直接划走了。文案可以先写出来，然后提炼精华，把其中一些不重要的东西删掉。有的短视频可能不到一分钟，可以说每一帧都是精华。

3. 有共鸣，有价值，结尾有触发行为

短视频的结尾非常重要，要能够促使用户做一些动作，比如关注、收藏，或者说分享、转发等。写文案的时候，要注意激发用户的共鸣，让人看完能够收获一些东西，触发一些情感。视频最后要有一个让用户行动的触点，甚至有些人会故意说错一些话，来引导用户在评论中纠正，其实这也是变相地增加互动，让视频数据表现得更好。同时，视频内容要给用户提供一些有用或者有趣的东西，让用户愿意收藏或者分享出去。

4. 数据分析，模仿对标优秀的同行

要想做好短视频，千万不能闭门造车，一定要学会研究优秀的同行，对自己以往的视频进行数据分析，持续总结优化。先研究爆款，尝试模仿，有了经验再去创新。多关注一些领域内做得好的同行，学会拆解他们的选题，分析他们是怎么做的。刚开始，可以把一些爆款的短视频下载下来，反复研究他们的框架结构。

比如，开头的三秒、中间的部分、结尾的地方他们分别是怎么写的，看得多了以后，自己就会明白应该在什么地方做铺垫，在什么地方甩包袱。

另外，视频发布以后，要关注数据的变化，文案不是写好了就结束了，你需要根据视频数据，进行分析总结，以便调整下一次文案的写作。

5. 个性化人设，差异化的记忆符号

文案要符合账号的人设，有一定的特色，让人有记忆点。现在做短视频的人太多了，很多内容都是千篇一律的。

比如，美女都是穿一样的衣服，跳一样的舞蹈，这样就很难在竞争当中脱颖而出，因为同质化太严重了。

视频要想有差异化的点，就需要通过各个方面去优化，比如穿着装饰、特定的动作、特定的语言等。因此，运营者必须在短视频的文案上好好下一番功夫。

第五章

短视频制作实践

第一节 短视频的策划

随着短视频的题材逐渐增多，运营者也越来越注重内容策划。内容策划是一项比较复杂、烦琐的工作。在内容策划过程中，运营人员需要融入更多创意，才能获得更大的曝光量。

一、选题的策划

要想做好短视频，运营者一定要提前规划选题内容，这样更容易推出精品视频，而且更容易吸引精准用户，提升用户的黏性。

1. 短视频选题应遵循的原则

短视频选题应遵循图 5-1 所示的四个原则。

选题内容一定要坚持以用户为导向

选题内容应该以价值输出为宗旨

保证选题内容的垂直度

选题内容应多结合行业热点或网络热点

图 5-1 短视频选题应遵循的原则

（1）选题内容一定要坚持以用户为导向

选题内容要接地气，贴近用户，以用户需求为目标，千万不能脱离用户的需求。换句话说，运营者在策划选题时应该优先考虑用户的需求和喜好，这也是保证视频播放量的重要因素。往往越是贴近用户的内容，越能得到他们的认可，从而提升视频的完播率。

（2）选题内容应该以价值输出为宗旨

短视频节目输出的内容一定是对大众有益的。也就是说，视频内容尽量选择有价值的干货。这样会直接触发用户的收藏、点赞、评论、转发等行为，从而达到裂变传播的效果。

（3）保证选题内容的垂直度

垂直内容才能吸引精准粉丝，提高专业领域的影响力。短视频确定领域之后不要轻易更换，否则打造的短视频账号垂直度不高，内容选题比较杂，用户也不精准。视频账号一定要在某一个领域内长期输出内容，这样更容易占领头部的流量。

（4）选题内容应多结合行业热点或网络热点

内容紧跟网络热点，可以在短时期内得到大量的流量曝光，对提高视频播放量和粉丝量有非常重要的影响。运营者在做选题时，除了常规的选题之外，一定要提升视频内容的新闻敏感度，善于捕捉热点、蹭热点。

2. 短视频选题的维度

运营者进行短视频选题的时候，需要考虑图 5-2 所示的五个维度。

图 5-2 短视频选题的维度

（1）频率

选题的内容应在用户需求和痛点上存在高频发生率，换而言之，选题内容应是目标用户群体的大众话题。只有用户的高频关注，才能引发更多播放量。

（2）难易

运营者应该考虑选题后的制作难易程度，自己或团队的创作能力是否能够支撑起选题内容的生产和运营。选题、内容、形式都是要考虑的因素，用户现在对内容质量的要求越来越高。

（3）差异

不论是哪一种类别的选题，在短视频领域都会有不少的竞品账号，可以说是一片红海，甚至在一些垂直细分领域已经有了头部大号。此时运营者需要考虑如何建立运营者和竞品账号的差异，以增加用户的识别度。

（4）视角

选题的视角关系到视频内容给用户带来的感受。应站在哪个角度来呈现选题？可以是用户第一视角的运动员角色，或是第二视角的裁判角色，还可以是第三视角的观众角色。在不同的选题上，运营者需要根据实际情况来变换视角。

（5）行动

主要是指用户接收到选题内容之后的动作，选题内容应让用户一看就知道，一学就能会。只有真正契合用户的需求和痛点，才能触发用户的更多动作。

3. 建立选题库

运营者可以建立选题库，更好地持续生产内容。选题库分为表 5-1 所示的两种。

表 5-1　选题库的分类

序号	分类	具体说明
1	爆款选题库	关注各大热播榜单，比如抖音热搜、微博热搜、头条指数、百度指数、第三方平台的各类热度榜单，掌握热点话题，熟悉热门内容，选择合适的角度进行选题创作和内容生产。热度越高的内容选题越容易引起用户的兴趣
2	常规选题库	日积月累很重要，不管是对身边的人、事、物，还是每天接收到的外部信息，都可以通过价值筛选整理到自己的常规选题库中。还可以通过专业性和资源性来进行筛选

4. 日常选题的来源

日常选题的来源主要有图 5-3 所示的几个方面。

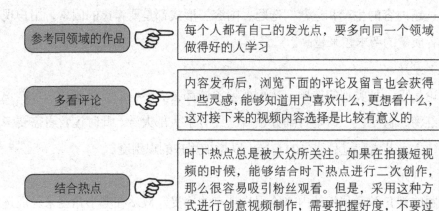

图 5-3　日常选题的来源

5. 短视频选题的注意事项

（1）远离敏感词汇

短视频平台都有一些敏感词汇的限制，多关注各平台的动态，了解平台官方发布的一些通知，可以进行选题内容敏感词汇的筛选，以避免出现违规封号的情况。

（2）避免盲目蹭热点

很多热点、热门内容会涉及一些新闻时事、政治政策，这些内容一直是敏感话题，能避开就避开，观点内容尺度把握不好，很容易陷入漩涡，不但不会带来流量，甚至可能会带来违规封号的风险。

（3）标题描述要合理

标题字数要适中，有些平台，标题超过一定字数后，就会被自动折叠隐藏起来。格式要标准，数字尽量用中文表述，避免生僻字和网络词汇，以方便机器获取识别。句式要合理，很多短视频平台，会要求标题为三段式结构，表述清晰，避免出现夸大性词组。

（4）活动选题库

节日类活动选题，可以提前布局，比如中秋、国庆、春节等。另外，各短视频平台官方也会不定期推出一系列话题活动，比如习惯的国风力量、大鱼的夸克知识等，可根据自身的情况参与平台话题活动，以得到流量扶持和现金奖励。

二、开头的设计

在这个信息爆炸、快节奏的时代下，能够抓住人们感官视觉的有吸引力的东西往往只需要几秒，所以在设计短视频开头的时候，可以通过图5-4所示的方式，快速引起人们的关注，并且让其产生看完整体内容的欲望，从而提高一条视频的完播率。

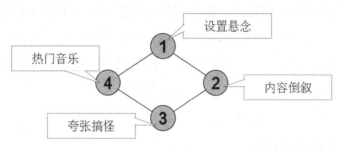

图5-4　短视频的开头设计方式

1. 设置悬念

在视频开头设置悬念是最常用的方式之一，就是"卖个关子"，给用户一个期待。可以告诉用户，在末尾或者中途给大家揭晓答案，但是一定要合理控制时长，若答案出现太早，容易让用户得到答案后就划走；如果最后几秒才出现，又会显得目的性太强，引起用户的反感。

2. 内容倒叙

内容倒叙可以理解为把最精彩的部分前置。在创作时，可以根据用户的喜好，以优化用户体验为中心，展开对编排方式、内容选题和互动模式的专业化、精细化设计，了解受众和平台传播分享的机制。因为，用户对自己喜欢的内容会格外关注。

3. 夸张搞怪

若开头过于平淡，会让人觉得枯燥无味，很容易让用户失去兴趣而直接划走。所以，在前几秒使用一些比较夸张、画面冲击感较强的内容，有一个过渡的延续，比一下子脱节进入内容述说，更容易触发观众的需求。

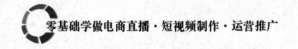
4. 热门音乐

不少创作者花费大量时间去研究每一个视频内容，精心敲打每一个细节，却忽视了 BGM 的重要性。其实不少用户哪怕不那么喜欢视频内容，但音乐选得好的话，他们也会把音乐听完，这样也完成了视频完播的任务。创作者完全可以根据粉丝群体，例如中老年人喜欢一些具有故事性、耳熟能详、简易上口的音乐，找一些符合视频基调的热歌，这样能够带动视频内容，起到 1+1 大于 2 的效果。

总而言之，大家不要小看视频开头前几秒的内容。能够支撑得住整个视频的开头，是推动完整播放率的重要因素，除非创作者有把握视频全程高能，不然还没等到核心内容出现，用户很可能就溜走了。

三、结尾的设计

1. 结尾文案的价值

一个好的短视频结尾文案，能够起到画龙点睛的作用，升华整个短视频的主题，吸引更多用户关注短视频账号。

（1）升华主题

一篇好文章的结尾需要总结前文、升华主题，短视频也不例外。用户在观看短视频时，大多是一种放松、愉悦且无意识的状态。要想让用户对整个短视频有一个深刻印象，就需要利用结尾文案来总结、提炼短视频内容，同时升华短视频的主题。

（2）吸引关注

用户注意力、用户关注度对于短视频的运营来说至关重要，要想吸引用户的关注，让用户观看完一个短视频接着看下一个，短视频结尾文案就起到了吸引用户关注的作用。

2. 结尾文案的写法

短视频结尾文案的写作手法与开头有相似之处，如悬念的设置，但也有不同之处，如增加互动、引导关注，具体如图 5-5 所示。

虽然短视频开头与结尾的写作都强调了悬念，但是二者的目的不同。开头的悬念是让用户观看完短视频，而结尾的悬念是让用户观看下一期短视频。比如，一个有剧情的短视频，可以在故事反转或者高潮之初结局，以引导用户在下一期短视频中继续观看

采用疑问句、设问句、反问句的形式与用户进行互动。比如，向用户提问："大家上一个开心的大笑是什么时候呢？"这样一个简单的问句，会引发很多用户主动留言和评论

对于短视频的运营来说，涨粉是一个非常重要的问题。在结尾处以卖萌、装可怜或者抖机灵的形式主动请求关注，能够吸引用户关注短视频账号

在结尾处以文字或者视频的形式，对整个短视频进行提炼和升华，有利于加深用户对短视频的印象，从而加深其对短视频账号的印象

图 5-5 结尾文案的写法

第二节 短视频的拍摄

要想顺利地完成短视频拍摄，让短视频作品更有吸引力，短视频创作者不仅要学会使用拍摄设备，还要掌握镜头的运用与调度技巧，主要包括景别变化、画面构图、拍摄角度、光线运用、运镜设计等。

一、景别变化

景别是指由于拍摄设备与被拍摄对象的距离不同，而造成被拍摄对象在取景画面中所呈现出范围大小的不同。通常以被拍摄对象在画面中被截取部位的多少为标准来划分，由远至近分别为远景、全景、中景、近景和特写，如图 5-6 所示。

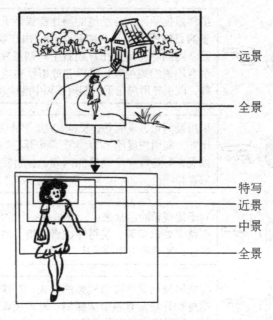

图 5-6 景别的类型

1. 远景

远景拍摄主要表现的是被拍摄对象所处的环境画面，通过拍摄主题周围的环境来表达某种氛围或者情绪，不一定非要突出人物。

所以在拍摄远景时，拍摄主题为人物时，更多地需要用"肢体语言"来表达，对表情要求不大。

除了表达某种情绪、氛围，远景拍摄其实还非常适合服装类目的创作者，可通过周边风景来展示服装的整体，比如，通过远景拍摄，展示服装适合矮个子、适合旅游、适合去蹦迪……

远景拍摄也比较适合旅游类目的创作者，可以通过拍摄风景、山脉、海洋、草原等，展示这个地方很舒服、适合旅游、风景很好等。

2. 全景

全景拍摄的内容一般是一个总的角度，所展现的范围较大，画面中是"人 + 物 + 景"的全貌。

与远景相比，全景拍摄会有比较明显的内容中心、拍摄主题。拍摄主题为人物的时候，全景拍摄主要凸显人物的动作、神态，同时再配上一些背景（人物周围的物、景）。

在全景拍摄中，周围的场景对人物来说都是陪衬、烘托，环境对人物还有解释、说明的作用。

全景拍摄除了适用于写真照外，还非常适合服装展示、热门地点打卡、与某个景物"合照"等。常见的剧情类、搞笑类短视频创作者也经常使用全景拍摄的方式。

3. 中景

中景拍摄主要是拍摄成年人膝盖以上的部分，或者是场景内某些局部的画面。中景拍摄会更加重视人物的具体动作。

在大部分剧情类短视频中，采用的都是中景拍摄方式。通过中景拍摄，可以更加清晰地展示人物的情绪、身份、动作等，给足了人物形体动作、情绪交流的空间。当人物间交谈时，画面的结构中心是人物视线的交流、标签以及情绪的展现等。

4. 近景

近景拍摄主要是拍摄成年人胸部以上的画面，或者是物体局部的画面。近景拍摄可以非常清晰地展现人物面部的神情，刻画人物性格。

在近景拍摄的时候，五官成了主要的表达形式。

比如，人物在开心的时候便眉开眼笑；悲伤的时候眼角带泪、神情悲壮；有顾虑的时候紧皱眉头、眼带忧思等。

近景拍摄往往是通过角色的情绪，让用户产生共鸣，给用户留下深刻的印象。同时，近景拍摄不容易产生距离感，会让用户在无形中与角色产生交流。

5. 特写

特写拍摄一般是拍摄成年人肩部以上的部分，或者是某些极其细节的画面。

比如，妈妈脸上的皱纹、父亲头上的白发。

特写的画面内容是单一的，背景一点都不重要，更没有烘托的效果。特写画面一般用来强化某些内容，或者是突出某种细节。

特写画面通过描绘事物最有价值的细部，排除一切多余形象，从而强化用户对所表现形象的认识，并达到展示事物深层内涵、揭示事物本质的目的。

比如，一只握成拳头的手以充满画面的形式出现在屏幕上时，它已不是一只简单的手，而似乎象征着一种力量，或意味着某种权力，代表了某个方面、某种情绪等。

特写一般出现在剧情类，或者带有情绪表达的视频、图片中。出现在短视频的时候，一般与近景、中景一起出现，并且在视频中充当场景转换的画面。

二、画面构图

构图也可称为"取景"，是指在短视频创作过程中，在有限的、被限定的或平面的空间里，借助拍摄者的技术和造型手段，合理安排画面上各个元素的位置，把各个元素结合并有序地组织起来，形成一个具有特定结构的画面。

视频画面构图的要素包括表 5-2 所示的几个部分，在构图中它们起着不同的作用，也处于不同的地位。

表 5-2　构图的要素

序号	要素	具体说明
1	主体	主体是画面中的主要表现对象，同时在画面中又是思想和内容表达的重点，还是画面构图结构组成的中心。视频画面中的主体构成可以是一个对象，也可以是一组对象；可以是人，也可以是物
2	陪体	陪体也是画面构图的重要组成部分，它和主体有紧密的联系。主要起陪衬、突出主体的作用，是帮助主体表现内容和思想的对象。在视频构图中，人与人、人与物，以及物与物之间都存在着主体与陪体的关系
3	环境	环境是交代和丰富画面内容的载体，其中包括时间、地点、人物等信息

续表

序号	要素	具体说明
4	前景	在环境中，人物或景物与主体处在不同的空间位置，主体前方的区域称为前景。前景与主体是一种烘托关系，可以增强画面的空间感，起到均衡画面的作用。有时前景也可以是陪体，在大多数情况下，前景是环境的组成部分
5	背景	在主体后方的人物或景物，称为背景或后景。背景和前景相互对应，背景可以是陪体，也可以是环境的组成部分。背景对于烘托画面主体起着重要的作用，可以增加画面的空间层次和透视感

相关链接 ❮ ∙∙∙

常见的构图方式

1.九宫格构图法

九宫格构图也就是我们常听到的黄金分割法构图方式，是短视频拍摄时经常用到的一种构图方式。

九宫格是利用上、下、左、右四条线作为黄金分割线，这些线相交的点叫画面的黄金分割点，这样的构图可以使主体展现在黄金分割点上，从而使画面更加平衡。

一般在全景拍摄时，黄金分割点是被拍摄主体所在的位置。在拍摄人物时，黄金分割点往往是人物眼睛所在的位置。

九宫格构图法

2. 引导线构图法

引导线构图法是通过线条的拍摄将视频画面主体的张力更好地表现出来，给人以高大的画面效果。这种构图方式大多适用于拍摄大远景和远景，比如高楼、树木等。虽然这种类型的构图在短视频内容中比较少见，但是我们可以在拍摄时借助引导线构图方式的精髓，拍摄出广阔博大的感觉。

引导线构图法

3. 框架式构图法

框架式构图法就是利用拍摄环境，在被拍摄主体前面搭一个框作为前景，把主体围起来。框架式构图能让主体更突出，让画面有更强的立体空间感；同时，也有利于营造神秘气氛，增强画面的视觉观赏性。

拍摄公园风景时就可以采用框架式构图的手法，利用四周的建筑作为框架，将主体放在框中的合适位置。

框架式构图法

框的形状多种多样，可以是方形、圆形、半圆形、三角形，也可以是不规则的多边形等；搭建框的景物也丰富多彩，例如门洞、山洞、隧道、窗格、树枝等，只要能形成框就可以。

框内主体应相对完整独立，如果采用广角镜头拍摄，不能将主体拍得太小，可改用中焦镜头压缩视角，让主体形象更突出。同时，要注意框架与主体的协调，框架的色彩、形状、亮度等不能过于强烈，以免喧宾夺主。

4.三角形构图法

三角形构图法以三个视觉中心为景物的主要位置，形成一个稳定的三角形，画面会给人安定、均衡、踏实之感，同时又不失灵活性，给人以一种视觉上的享受。

我们拍摄时可以采用正三角形、倒三角形和不规则三角形来构图，其中正三角形构图具有稳定性，给人一种舒适之感；倒三角形构图具有开放性及不稳定性，给人一种紧张感；不规则三角形构图则具有一种灵活性，给人一种跳跃感。

三角形构图是指将画面中所要呈现的主体放置在三角形中拍摄，或者说画面内容本身是具备三角形形态的，这样的构图方式具有比较大的冲击力。

三角形构图法

5.对角线构图法

对角线构图法是利用线所形成的对角关系，使视频的画面具有运动感和延伸感，体现出纵深的画面效果，对角线的线条也会使被拍摄主体有一定的倾斜度，这样的效果会将用户的视线吸引到画面深处，并使其随着线条的方向而改变。当然,这种构图方式中所谓的对角线并不一定只是画定好的固定线条,也可是被拍摄对象所具有的形状线条,或者是当时拍摄条件所形成的光线等。

对角线构图法

6. 中心构图法

中心构图法就是将主要被拍摄对象放到画面中间,一般来说,画面中间是人们的视觉焦点,人们看到画面时最先看到的会是中心点。这种构图方式最大的优点就在于主体突出、明确,而且画面容易取得左右平衡的效果。这种构图方式也比较适合短视频拍摄,是常用的短视频构图方法。

中心构图法

中心构图是最不容易出错的一种构图方法,只需把主体放在画面的中心即可,虽然不一定能拍出特别高级的画面,但效果也不会很差,是一种比较保险的方式。

7. 三分构图法

三分构图法是指把画面三等分，每一部分的中心都可以呈现主体形态，适合表现多形态平行焦点的主体。

这种构图方法不仅可以表现大空间、小对象，还可以表现小空间、大对象。

三分构图法

使用手机拍摄短视频时，三分构图一共有7种方法，分别是上三分线构图、下三分线构图、左三分线构图、右三分线构图，以及横向双三分线构图、纵向双三分线构图和综合三分线构图。

8. S 形构图法

S 形构图法让画面充满动感，画面可表现出曲线的柔美，得到一种意境美的效果，这种形式一般用在画面的背景布局和中空镜头中。

S 形构图法

9. 对称构图法

对称构图法是指以画面中央为对称轴，使画面左右或上下对称，可以让画面具有平衡、稳定、呼应等特点。但是这种构图在短视频中过于呆板。

对称构图法

在拍摄短视频时，构图方式的运用并不是单一的，我们可以将两种或者两种以上的构图方式结合起来。但前提是要将画面清晰地展现出来，画面融合要自然，不会让观看的用户感觉到突兀。

三、拍摄角度

拍摄角度是指拍摄者运用拍摄设备及取景器进行构图、取景、拍摄时的视角和位置，包含拍摄距离、拍摄方向和拍摄高度三个维度。

1. 拍摄距离

拍摄距离是决定景别的元素之一，指的是拍摄设备与被拍摄对象之间的空间距离。在焦距不变的情况下，改变拍摄距离仅影响景别的大小。拍摄距离越远，景别越大；拍摄距离越近，景别越小。

2. 拍摄方向

拍摄方向是指在同一水平面上围绕被拍摄物四周所选择的拍摄点，具体如图5-7所示。

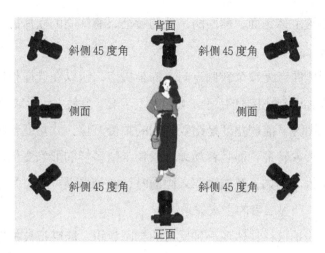

图 5-7　拍摄方向示意图

在拍摄距离、拍摄高度不变的情况下，不同拍摄方向呈现出不同的构图变化，产生不同的画面效果。

（1）正面方向

正面方向拍摄时，摄像机镜头在被拍摄主体的正前方，并与被拍摄人物的视线或建筑物的朝向基本成一条直线，这样能表现被拍摄对象的正面全貌，给人一目了然的感觉。

拍摄人物时，正面方向拍摄能看到人物完整的脸部特征、表情和动作，容易让人产生亲切感和参与感，常用于各类主持和采访节目。其缺点是不宜表现出空间立体感。

（2）侧面方向

侧面是指正侧面，即相机的拍摄方向与被拍摄对象正面成 90 度的夹角。侧面构图表现人物形象时，立体感很强，画面有明确的方向性，能很好地表现出被拍摄者面部和体形侧面的轮廓特征，是拍摄人物剪影的最佳方向。

正侧角度还能将人的脸部神情、手的动作及身体的形状，不重叠地展现出来，比较完美地表现人物的动作姿态，比如，跑步、跳跃、跨越、投掷等。从正侧面拍摄，容易获得优美的轮廓形态，展现出运动的特点。

（3）斜侧面拍摄

斜侧方向是指拍摄方向介于正面与侧面之间的角度，这种方向上的构图能

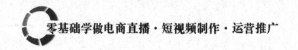

够表现出被拍摄主体正面、侧面两个面的特征，有鲜明的立体感、方向性和较好的透视效果。

从正面到侧面有无数个斜侧方向上的拍摄点，所以在选择拍摄点时，要注意斜侧程度给画面构图带来的变化，角度稍有变化，会使主体形象产生显著变化。

在进行构图时，前侧角度是比较常用的拍摄方位。此角度兼顾被拍摄对象正面和侧面的形象特征，而且容易体现景物丰富多样的形象变化，也打破了构图的平淡和呆板。例如，在拍摄双人画面时，斜侧拍摄可以更好地突出接近镜头的人物形象，凸显二者的主次关系。

反侧角度的拍摄往往体现一种反常的构图意识，能够把被拍摄对象的一种特有精神表现出来，获得别具一格的生动画面。当然，反侧角度在摄影创作中使用频率有限，只有少数适当的场景才适合。

（4）背面方向

背面方向拍摄是在被拍摄对象的正后方拍摄，这个角度常被摄像师所忽视，其实只要处理得好，也能给人以新意、含蓄之感。尤其是在拍摄人物时，用户不能直接看到人物的面部表情，只能从手势、体态去理解人物的心理状态，给人以悬念和不确定性，有时能起到剪影和半剪影的效果。

3. 拍摄高度

拍摄高度是指镜头与被拍摄对象在垂直面上的相对位置和高度。根据拍摄高度，一般可以分为平视拍摄、俯视拍摄、仰视拍摄、斜视拍摄等，如图5-8所示。

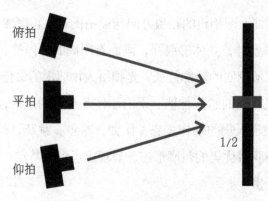

图5-8 拍摄高度示意图

（1）平视拍摄

平视拍摄是指摄像机所处的视平线与被拍摄对象在同一水平线上。在日常拍摄中，这种拍摄高度运用得最多。另外，平视角度也最不容易出现特殊画面效果。平视高度拍摄的画面往往显得比较规矩、平稳，如图5-9所示。

图5-9　平视拍摄效果

（2）俯视拍摄

当相机拍摄处于视平线以下的景物时被称为俯视拍摄。在高角度俯视拍摄时，就如站在山顶往下看的感觉，比较适合表现主体的构图和大小，如图5-10所示。

比如，拍摄美食、花卉题材的视频都可以用俯视拍摄，能充分展示主体的细节。

俯拍构图也可以根据角度再细分，比如30度俯拍、45度俯拍、60度俯拍、90度俯拍，俯拍的角度不同，拍摄出的视频给人的感受也不一样。

图5-10　俯视拍摄效果

（3）仰视拍摄

当拍摄视平线以上的景物时被称为仰视拍摄。用低角度仰拍，可以展现主体的高大形象，如图 5-11 所示。这种角度拍摄比较适合建筑类的视频画面，可表现出强烈的透视效果。当然，人物、汽车、山脉都可以尝试仰视拍摄，会给人不同的体会。

图 5-11　仰视拍摄效果

（4）斜视拍摄

这种拍摄打破了水平线，把镜头倾斜一定的角度，让视频画面产生一定的透视变形的失重感，能够让主体更加立体。

比如，拍摄人像视频时，可以更好地展现人物的身材曲线。

四、光线运用

视频摄影用光的六大基本因素是光度、光位、光质、光型、光比和光色。

1. 光度

光度是光源发光强度和光线在物体表面的照度以及物体表面呈现的亮度的总称（光源发光强度和照射距离影响照度；照度大小和物体表面色泽影响亮度）。在摄影中，光度与曝光直接相关。从构图上来说，曝光与影调或色彩的再现效果密切相关。

丰富的影调和准确的色彩再现以准确曝光为前提。有意识的曝光过度与不足也需以准确曝光为基础。所以，掌握光度与准确曝光的基本功，才能主动控制被拍摄物体的影调、色彩以及反差效果。

2.光位

光位是指光源相对于被拍摄物体的位置，即光线的方向与角度。同一对象在不同的光位下会产生不同的明暗造型效果。摄影中的光位可以千变万化，但是，归纳起来主要有顺光、侧光、逆光、顶光以及底光等，如图 5-12 所示。

图 5-12　光位示意图

（1）顺光

顺光也称正面光，指的是光线的投射方向和拍摄方向相同，相机和灯光都处于被拍摄人物的同一侧。

顺光拍摄人物时，灯光以水平角度直射人物，使得五官阴影位不明显，如果将灯光角度向上调整的话，下巴、鼻子等部分便会出现阴影。

采用顺光拍摄的短视频，能够让主体呈现出自身的细节和色彩，使画面更有吸引力。

（2）逆光

逆光也叫背光，或者轮廓光、剪影光。将灯光完全放到主角背后，可拍出背光的效果。灯光打亮人物的头发和肩膀，只有边缘部位出现亮光，但脸上五官都处在阴影处。

逆光能营造生动的轮廓光线，使画面产生立体感、层次感，并增强质感与氛围意境，有很强的艺术感和视觉冲击力。

（3）顶光

顶光是从头顶照射的光线，在这种光线下，人物的头顶、额头、颧骨、鼻头、下巴等高起部位被照亮；下眼窝、两腮和鼻子下面等凹处完全处于阴影之中。一般认为顶光属于反常光效，能丑化人物形象。

（4）底光

底光也叫脚光或者鬼光，它和顶光完全相反，灯光在人物下方，从下往上照射。底光能突出鼻子底、眼睛下面和下巴，清楚地展现人物的眼神。

（5）侧光

侧光包括前侧光、正侧面光、侧逆光。

前侧光一般是 45 度角的光，由于不是从正面向人物打光，所以在照亮脸部的同时，能够呈现出更多阴影，比如右边的鼻子等，形成两边脸的轻微反差。

正侧面光也叫分割光，使脸部的阴影占据一半，戏剧效果比较明显。从水平角度不断移动灯光，可以看到人像脸上光影细节的变化。如果从侧面为人物打光，就会使一边脸亮位与另一边脸暗位形成强烈反差。

侧逆光是将灯光调整至人物背后约 45 度角，不少电影拍摄都采用这种方法，让光线只集中在人物一边脸的小部分位置上，而人物的其他部位，比如眼睛、鼻子、嘴巴等仍然维持在阴影处，显得更加神秘。

3. 光质

光质是指拍摄所用光线的软硬性质，光质可以分为硬质光和软质光，如图 5-13 所示。

即强烈的直射光，如晴天的阳光，或者直接照射在物体上的人造光（闪光灯、照明灯光等），它们产生的阴影明晰而浓重

硬质光

软质光

一种漫散射性质的光，没有明确的方向性，不会让被拍摄对象产生明显的阴影。阴天、雨天、雾天的天空光或添加柔光罩的灯光等都属于典型的软质光

图 5-13　光质的类型

4. 光型

光型指各种光线在拍摄时的作用。

5. 光比

光比是被拍摄物体主要部位亮部与暗部的受光量差别，通常指主光与辅光的差别。光比大，反差就大，有利于表现"硬"的效果；光比小，反差就小，有利于表现"柔"的效果。

6. 光色

光色指"光的颜色"或者说"色光成分"。通常把光色称为"色温"。光色无论在表达上还是技术上都是重要的，光色决定了光的冷暖感，能引起许多感情上的联想。光色对构图的意义主要表现在彩色摄影中。

五、运镜设计

运镜就是运动镜头，即通过机位、焦距和光轴的运动，在不中断拍摄的情况下，形成视角、场景空间、画面构图、表现对象的变化。

在短视频拍摄中，基本的运镜方式包括图 5-14 所示的几种。

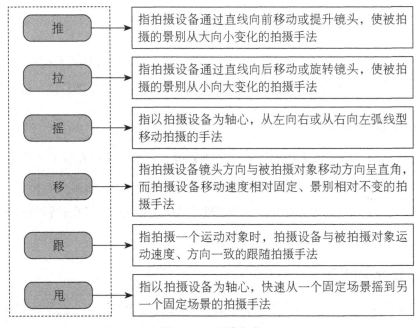

推	指拍摄设备通过直线向前移动或提升镜头，使被拍摄的景别从大向小变化的拍摄手法
拉	指拍摄设备通过直线向后移动或旋转镜头，使被拍摄的景别从小向大变化的拍摄手法
摇	指以拍摄设备为轴心，从左向右或从右向左弧线型移动拍摄的手法
移	指拍摄设备镜头方向与被拍摄对象移动方向呈直角，而拍摄设备移动速度相对固定、景别相对不变的拍摄手法
跟	指拍摄一个运动对象时，拍摄设备与被拍摄对象运动速度、方向一致的跟随拍摄手法
甩	指以拍摄设备为轴心，快速从一个固定场景摇到另一个固定场景的拍摄手法

图 5-14　运镜方式

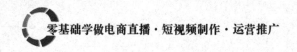

第三节　短视频的剪辑

短视频后期剪辑是短视频制作的一个关键环节，它不仅把某个视频素材剪辑成多个片段，还要把这些片段更好地整合在一起，以便更加准确地突出短视频的主题，让短视频结构严谨、风格鲜明。

一、镜头组接的编辑技巧

在短视频后期编辑过程中，创作者可以利用相关软件和技术，在需要组接的镜头画面中或画面之间使用编辑技巧，使镜头之间的转换更为流畅、平滑，并制造出一些直接组接无法实现的视觉及心理效果。常用的镜头组接技巧有淡入淡出、叠化、划像、画中画、抽帧等。

二、剪接点的选择

剪接点是两个镜头之间的转换点，如声音或者画面，准确地掌握镜头的剪接点，能保证镜头切换流畅，因此，剪接点的选择是视频剪辑最重要且最基础的工作。

1.动作剪接点

动作剪接点主要以人物的形体动作为基础，以画面情绪和叙事节奏为依据，结合日常生活经验进行选择。对于运动中的物体，剪接点通常要安排在动作正在发生的过程中。在具体操作中，则需要选择动作中的临界点、转折点和"暂停处"作为剪接点。

2.情绪剪接点

情绪剪接点主要以心理活动为基础，以表情为依据，结合造型元素进行选取。具体来说，在选取情绪的剪接点时，需要根据情节发展、人物内心活动以及镜头长度等因素，把握人物的喜、怒、哀、乐等情绪，尽量选取情绪的高潮作为剪接点，以便为情绪表达留足空间。

3.节奏剪接点

在选取画面节奏剪接点时，要综合考虑画面的戏剧情节、语言动作和造型特点等，可让固定画面快速切换，以产生强烈的节奏；也可选取舒缓的镜头加以组合，产生柔和、舒缓的节奏，同时还要使画面与声音相匹配，使内外统一，节奏感鲜明。

4.声音剪接点

声音剪接点的选择以声音的特征为基础，根据内容的要求以及声音和画面的有机关系来处理镜头的衔接，它要求尽力保持声音的完整性和连贯性。声音的剪接点主要包括对白的剪接点、音乐的剪接点和音效的剪接点三种。

三、转场的方式及运用

1.无技巧转场

无技巧转场是指通过镜头的自然过渡来实现前后两个场景的转换与衔接，其强调视觉上的连续性。无技巧转场产生于前期拍摄过程，并于后期剪辑阶段通过具体的镜头组接来完成。

2.有技巧转场

有技巧转场是指在后期剪辑时借助剪辑软件提供的转场特效来实现转场。有技巧转场可以使观众明白前后镜头间与前后场景之间的间隔、转换和停顿，使镜头自然、流畅，并制造出一些无技巧转场不能实现的视觉及心理效果。几乎所有的短视频编辑软件都自带许多出色的转场特效。

四、声音的处理

声音一般包含音量、音高、音色三大特性，这也是我们在日常生活中所熟悉的。

1. 短视频中声音的类型

现实生活中，声音可以分为人声、自然音响和音乐。短视频作品的创作源于生活，短视频的声音有图5-15所示的三种表现形式。

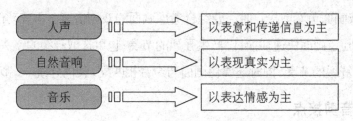

图5-15　短视频声音的表现形式

以上三种声音功能各异，在短视频作品中，它们虽然形态不同，但相互联系、相互融合，共同构筑起完整的短视频声音空间。

2. 声音的录制与剪辑方式

由于声音录制方式不同，声音剪辑方式也不相同，具体如图5-16所示。

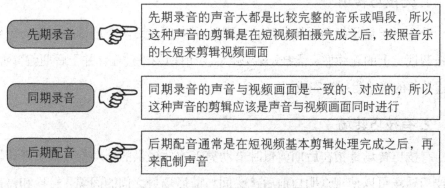

图5-16　声音的录制与剪辑方式

3. 短视频音乐的选择

完成短视频的编辑处理后，为短视频添加音乐是大部分创作者都比较头痛的事。因为音乐的选择是一件很主观的事情，它需要创作者根据视频的内容主旨、整体节奏来选择，没有固定的标准。一般来说，在为短视频选择音乐时，可参考图5-17所示的要点。

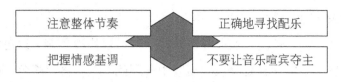

图 5-17　短视频音乐的选择技巧

五、短视频节奏处理

1.短视频节奏分类

短视频节奏包括内部节奏和外部节奏，是叙事性内在节奏和造型性外在节奏的有机统一，两者的高度融合构成短视频作品的总节奏。

2.短视频节奏剪辑技巧

在短视频的后期剪辑处理中，剪辑节奏对总节奏起着关键作用。所谓的剪辑节奏，是指运用剪辑手段，将短视频作品中镜头的长短、数量、顺序剪辑成有规律的节奏。创作者可参考图 5-18 所示的技巧来处理短视频的节奏。

图 5-18　短视频节奏剪辑技巧

六、短视频色调处理

色彩可以给人们制造一种刺激感，它的效果不仅仅存在于视觉上，而且会对人的心理造成一定影响。所以，相应的色彩融入短视频中，会无形中增强短视频画面的表现力和感染力，人们在观看短视频时更容易融入其中。

1.色彩与情感表达的关系

色彩会传达出人的一些情绪，因此，要想给拍摄的短视频加上灵魂，就要

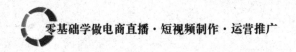

对色彩所能表达的情感有一定的了解。

想要表现压抑、苦闷、恐惧等情绪，一般可以用冷色调。冷色调更能营造出一种肃杀感，一般在悬疑恐惧的视频中出现的次数较多。暖色调比较适合表现神秘的气氛，比如，寂静的黑夜中有一盏灯，这样的画面融入暖色调后，会让画面有一种反差，显得神秘诡异。而饱和色调则可以让场景更加奇幻，比如，电影中一些梦境、幻境画面的颜色都比较鲜亮，有正红色、正橘色等，和现实画面分离开，更有一种冲击力。

还有一些其他的颜色，也具有不同的感觉。比如，黑白让人怀旧；红色让人感到温暖、热情；蓝色可以让人有旁观者的感觉，显得更客观冷静。

2. 色调的处理技巧

短视频的色彩由不同的镜头画面色调、场景色调、色彩主题按一定的布局比例构成，占绝对优势、起主宰作用的色调为主色调，又叫基调。

（1）自然处理方法

这种方法主要追求色彩的准确还原，而色彩、色调的表现任务处于次要地位。在拍摄过程中，先选择正常的色温开关，再通过调整白平衡来获得真实的色彩或色调。

（2）艺术处理方法

任何一部短视频作品，总会有一种与主题相对应的色彩基调。色调的表现既可以是明快、温情的基调，也可以是平淡、素雅的基调，还可能是悲情、压抑的基调。色调与色彩一样，具有象征性和寓意性。色调取决于短视频题材、内容、主题的需要，色调处理是否适当，对作品主题揭示、人物情绪表达有着直接的影响。

七、短视频字幕处理

1. 字幕的作用

字幕可以帮助人们更好地接收视频信息。给短视频添加字幕，可起到图5-19所示的作用。

作用一 字幕具有标识和阐释作用

作用二 字幕具有造型作用，主要体现在字幕的字体、字形、大小、色彩、位置、出入画面方式及运动形态等方面

作用三 短视频字幕作为一种构图元素，除了标识、表意、传达信息之外，还具有美化画面、突出视觉效果的作用

图 5-19 字幕的作用

2. 字幕制作要点

短视频字幕的制作要点如图 5-20 所示。

 准确性 即字幕尽量不要出现错别字、漏字、多字等情况，因为，字幕的准确度可直接反映出制作者的视频制作水平，而错别字也会给观众的视觉体验带来较大的负面影响

 一致性 即字幕的描述是否和视频呈现的内容一致，是否和视频中的声音一致。换言之，字幕与视频内容、音频内容的一致性是短视频制作的重点之一

 可读性 字幕的样式、位置、颜色、大小等都需要格外注意，比如，字幕的颜色需要和视频内容中的颜色区别开，同时也要避免遮挡视频中的重要内容

图 5-20 字幕制作要点

3. 如何为短视频选择合适的字体

字幕形式的设计，要根据短视频的定位、题材、内容、风格样式来确定。

（1）常用中文字体的选择

常用的中文字体主要有宋体、楷体、黑体等。

宋体棱角分明，一笔一画非常平直，横细竖粗，适合偏纪实或风格比较硬朗、比较酷的短视频，例如纪录类、时尚类或文艺类等。

楷体属于一种书法字体，比较飘逸，适合庄严、古朴、气势雄厚的建筑景观或传统、复古风格的短视频。

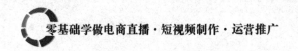

还有一些经过特别设计的书法字体，很有挥毫泼墨的感觉，非常适合风格强烈的短视频。

黑体横平竖直，没有非常鲜明的特点，因此，黑体也是最百搭、最通用的字体。如果无法确定应该为短视频字幕搭配哪种字体时，选择黑体基本不会出错。

（2）常用英文字体的选择

英文字体可以分为衬线字体和无衬线字体。

衬线字体的每一个字母在笔画开始、结束的地方都有额外的修饰，笔画有粗有细，使字体表现出一种优雅的感觉，适合复古、时尚、小清新风格的短视频。

无衬线字体是相对于有衬线字体而言的，无衬线字体就是指在字体的每一个笔画结构上都保持一样的粗细比例，没有任何修饰。与有衬线字体相比，无衬线字体显得更为简洁、富有力度，给人一种轻松、休闲的感觉。无衬线字体很百搭，比较适合冷色调或未来感、设计感较强的短视频。

4.字幕的排版与设计技巧

除非是短视频主题内容的需要，否则尽量不要使用装饰性太强的字体。初学者往往喜欢选择一些花哨的字体，但是，越花哨的字体越容易产生"土"的感觉，要谨慎使用。

完成短视频字幕字体的选择后，就需要考虑应该将字幕放置在短视频画面的什么位置了。

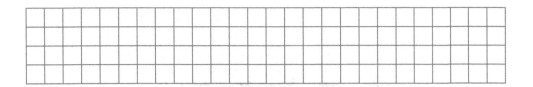

第六章

短视频运营推广

第一节　短视频发布优化

在短视频创作中，虽然内容是核心，但是要想使短视频传播得更快、更广、更深入人心，短视频创作者在发布短视频之前应对短视频进行优化包装，主要包括标题、文案、封面，这些元素会在很大程度上影响短视频的形象，进而影响短视频的传播效果。

一、确定吸睛标题

标题决定了文章的打开率，其实对短视频来说，标题也同样重要。标题是用户看到视频的第一印象，好的标题能立马吸引用户的注意，让用户继续看下去，从而影响平台的推荐算法，慢慢扩大影响力。可以这样说，如果你的标题不吸引人，你千辛万苦做的内容很有可能石沉大海。

1. 短视频标题的特性

短视频的标题具有图 6-1 所示的特性。

图 6-1　短视频标题的特性

2. 短视频标题的写法

好的短视频标题除了吸引用户点击，还有一定的社交货币作用。跟图文标题一样，短视频标题有时候可以道出用户的心声，起到一些传播的作用。在此，介绍几种短视频标题的写法，仅供参考。

（1）设置悬念

这类标题都是"话说一半"，故意留个悬念，引发用户的好奇心。往往在标题里加上"万万没想到""最后结局亮了"等关键词。

比如：

"老师现场提了一个问题，同学的回答亮了"

"六岁小朋友单挑姐姐，结局万万没想到"

使用这类标题，要保证视频内容能满足用户的期待，千万不能虎头蛇尾，不然很容易引起用户的反感。

（2）利益诱导

这类标题能让用户迅速获取视频的价值所在，直接给出的利益信息让用户切实感受到可以提升自身技能或知识，产生一种"白拿"的心理。

比如：

"干货！10个标题模板帮你打造爆款视频"

"学会这3招，让你进阶excel大神"

这类视频账号需要从定位的用户人群出发，分析用户特点，提炼出用户的需求，再针对性地给出价值内容。

（3）列举数字

标题中带数字是比较常见的手法，通过数字，能让视频更具说服力和吸引力，同时也更能展现出视频要点，这里可以分为两类。

第一类，反差效应。通过数字让用户形成强烈的心理反差，打破自己以往的认知。这类视频的内容比较独特，用户即使知道标题有些夸张，但还是想一探究竟。这类视频适合教学、技巧类的内容。

比如：

"3分钟让你学会倒车入库"

"100种简单减脂午餐教学"

"这个小技巧，99%的人都不知道"

第二类，内容拆解。可以通过"3个步骤""5个技巧"这类数字，快速告诉用户这条视频的内容逻辑是什么，很容易让用户产生好奇心，用户观看时目的性较强，可以高效学习视频里的知识点。

比如：

"掌握这3点，轻松玩转母婴行业私域运营"

"真正聪明的人从不走捷径，而是懂得三个底层规律"

（4）提出疑问/反问

疑问类型的标题往往能够引发用户强烈的好奇心。标题抛出一个大众观注的问题，用户会进行思考，迫切地想知道答案，就会继续观看视频内容。

比如：

"中层管理者需要什么样的能力"

"有经验的管理者是如何带团队的"

"突然被公司辞职，该如何维权"

通常，这种标题适合干货、科普类型的内容，可将视频主要内容提炼成一个观点进行反问。

（5）时效型

时效型标题对应的内容通常是对最新资讯或新闻的报道，在时间上会给用户一种紧迫感。

比如：

"就在刚刚，微信更新了最新版本"

"最新××政策公布"

通常可以在标题开头使用"刚刚""近期""最新消息"等字眼，这样能引发用户求知的心理，当然视频内容也必须足够"新"。

（6）目标指向型

这种类型的标题，目标用户较为明确。视频内容就是针对账号的受众群体，用户看到以后会不由自主地自我代入。这种标题比较适合内容较为垂直的账号。

比如：

"整天熬夜加班的人注意了"

"考四六级的小伙伴看过来了"

"小个子如何穿出一米八既视感"

（7）结合热点

在标题中加上与热点事件相关的词，极易提升视频热度，也就是大家常说的"蹭热点""借势营销"。

比如：

"刘××全网火爆的毽子操教学"

"天舟四号货运飞船厉害在哪"

这类视频可以从多个角度出发，主要还是按照账号自身定位来选择标题。

（8）引发争议

这类短视频标题很容易引发用户之间的讨论，可吸引大量用户的注意力。

比如：

"上海和深圳对比，未来你更看好哪个"

"咸豆腐脑和甜豆腐脑，你更喜欢哪个"

但是这种标题的使用场景有一定的局限性，观点要有理有据，不能有失偏颇，不然很容易引火上身。

（9）引起共鸣

这类视频的特点是，可以引起用户的思考、反思、回忆，从而引起用户的"共鸣"，很容易让用户分享、转发。

这类视频标题一般带有一些情绪化的字眼，例如"暖心""泪目"等，能准确击中用户的内心。

比如：

"喜欢和爱的区别"

"网友无意拍到外卖小哥，让人瞬间泪目"

"街头发生的一幕让人鼻酸"

这类账号要对垂直用户的心理洞察得极为准确，不同的社会群体、不同的年龄层都有不同的共鸣。

（10）名人效应

名人本身自带流量，在标题中带上"名人"，会吸引更多用户的关注。

比如：

"××：40岁我悟透了成功的关键"

"××的三句话气坏14亿国人"

这类视频要注意账号的定位。如果你是商业类的账号，就适合带一些企业

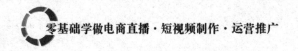

家名人；如果你是娱乐类账号，就适合带一些明星，最好带和自身行业相关的名人，不要出现风马牛不相及的情况。

3. 撰写标题的注意事项

撰写标题时，创作者需要注意以下两个关键点。

（1）固定模板

我们在设计封面标题时，最好形成统一的风格和模板，包括色调、字体、大小等，每次只需要替换文字即可。千万不要将模板更换得太频繁，不然对账号的调性影响很大。

（2）做好 A/B 测试

如果有条件，最好进行 A/B 测试，即在同一时间维度，测试不同标题带来的效果。我们可以同时发布不同标题的视频，然后基于数据分析，对标题模式进行优化调整。

4. 撰写标题的雷区

（1）标题要避免生僻字、冷门词。那样的词语会影响受众，不利于推广。

（2）标题忌低俗。标题中不要有暴力、低俗的词语，审核很容易不通过。

（3）标题字数不宜过多。以15 ~ 20字为宜，字数太多，会影响用户观看体验。

（4）标题要避免缩写词汇。很多人喜欢用一些专业名词的缩写，这样可能会导致内容的推荐量和点击量降低。

（5）标题避免使用绝对词汇。如果想要投放视频，切忌出现绝对的词语，如"最""第一"等，那样很大概率是通不过审核的。

（6）远离敏感词汇。平台敏感词可以直接上网查询，尽量不要使用。

二、撰写动人文案

1. 撰写文案的步骤

短视频创作者要想撰写出打动人心的文案，一般要经过图 6-2 所示的几个步骤。

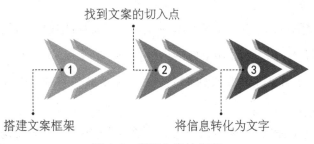

找到文案的切入点

搭建文案框架　　　将信息转化为文字

图 6-2　撰写文案的步骤

2. 文案的常见类型

目前，比较常见的短视频文案主要有如下几种类型。

（1）互动类

在互动类视频中，可使用疑问句和反问句，且多留开放式问题，这样容易激起用户互动。

比如，"有你喜欢的吗？""你有这样的朋友吗？"

（2）叙述类

叙述类视频可选用富有场景感的故事或段子来吸引用户。若自顾自地把故事讲完，那互动性会较差。

比如，"认识两年的一个理发师，只能在走廊里抽空吃个外卖，漂着的人都不容易啊。"

（3）悬念类

悬念类的视频可通过在最后一秒设置反转，来获取用户更长的页面停留时间。

比如，"一定要看到最后。""最后那个笑死我了，哈哈哈。""最后一秒颠覆你的三观。"

（4）段子类

段子类视频的文案，甚至可以与视频无关，但需要有很强的场景感。

比如，"听完这首歌，我拿出我爸的香烟，想衬托出自己是个沧桑的男人，但美好的画面却在我妈提前回来的那一刻定格了，当我们俩四目相对，我并没有慌张，而是眯着眼对我妈说，小芳，这么早就回来了？"

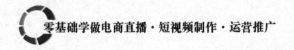

（5）共谋类

共谋类视频包括励志、同情、真善美等。人们希望他人看到的自己，是自己所希望的那个样子，所以如果你能与他合谋，将会变得更好。

比如，"3个月从160斤减到112斤……原来我们都可以做到。"

（6）恐吓类

如果说广告的目的是制造自卑感，那么恐吓型视频的文案就是那个让你自我怀疑的临门一脚。

比如，"我们每天都在吃的水果，你真懂吗？""每天敷面膜，你不怕吗？"

3. 撰写文案的技巧

（1）文案字数要精简

短视频的核心是短平快，所以我们的文案也需要尽量精简，最好保持在15～20个字，既让用户轻松找到重点，读懂其中的意思；又不会让用户产生视觉疲劳。

（2）抓精准关键词，获平台精准推送

平台推荐机制是通过抓取文案关键词来推送受众人群的。

比如，美食类短视频，带有"美食"的相关词，会被平台抓取并推送给关注美食的人群，这样就会大大提高上热门的概率。

（3）善于抓住爆点关键词

爆点关键词的核心是爆点，它不同于精准，更多的是当下热门话题。

比如，"超×亿中国人存在睡眠障碍"和"很多中国人都存在睡眠障碍"相比，显然前面的标题更能引发关注度和话题性。

三、设置精彩封面

短视频封面的好坏决定了短视频的点击率和播放量，如果没有一个好的封面，短视频的内容再精彩也无人问津。短视频封面足够吸引人，才能为短视频带来更多的流量。

1. 封面应符合的要求

一个好的短视频封面应符合图6-3所示的要求。

图6-3　短视频封面应符合的要求

2. 封面设计技巧

设计优质封面的技巧主要有图6-4所示的几种。

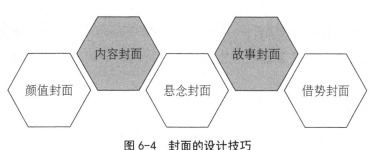

图6-4　封面的设计技巧

（1）颜值封面

颜值封面，顾名思义就是美观、视觉效果好的封面，能够给人一种赏心悦目的感觉。

这种封面适用于美食类、旅游类短视频。将经过美化、加工的诱人的美食图片设置成视频封面，能够快速抓住用户眼球，让用户联想到实物，随之点进去观看。

旅行类短视频就更不用说了，只有风景优美，用户才会想点击进去，体验一把心旷神怡的感觉。

（2）内容封面

内容封面就是把提炼出来的短视频核心内容放在封面上，给用户带来一种直截了当的感觉。简单明了的核心信息，可以快速地直抵用户内心，迅速抓住用户的注意力，激起他们的兴趣，让他们想点击进去观看。

这种封面在知识技能、方法干货类的短视频中运用得最多。

（3）悬念封面

这种封面一般是运用设置悬念的方法，在封面上配上吸引人的文字标题或者人物画面，激起用户的好奇心，引导用户点进去观看，了解短视频最后的结果。

悬念封面最后呈现的结果虽然不一定要完全出人意料，但一定要有结果，否则会让用户觉得受到了欺骗，随后可能取关账号。

（4）故事封面

故事封面是指封面图以一个简短的故事为背景，再附上部分文字介绍。这种类型封面抓住了大家喜欢听故事的特性，能调动用户的情绪，激起用户的共鸣。

这种封面上的故事介绍，一定要与短视频的内容息息相关。如果毫无关系，只是为了想吸引用户注意而随意加上去的，那就会得不偿失，要面临用户取关、举报的后果。

（5）借势封面

借势封面是指封面内容借助最新的新闻热点话题以及事件。热点事件自带流量，可以让用户快速点进去，继续浏览。

在制作这类封面时，一定要把握好尺度，否则可能会因为借势不当，招来用户谩骂，给账号抹黑。

3.封面设计的注意事项

（1）画面整洁

很多人喜欢在封面上写很多信息，堆积很多花哨的元素，这样会让整个封面没有重点，从而降低了封面的美观度。我们在设计短视频封面的时候，务必要注意保持画面简洁明了，因为第一印象很重要。

（2）图片完整清晰

封面是视频的门面，图片和文字标题都是信息的载体。标题要说明重点信息，简洁明了，图片要保证像素清晰，这都是最基本的要求。

（3）封面与标题强关联

一般情况下，如果用户对封面内容感兴趣，那他就会对视频内容产生期待，从而点开短视频。但是，如果打开视频后，用户发现内容和封面信息毫无关联，就会有一种受欺骗的感觉，从而对账号产生不好的印象。所以，千万不要为了蹭热点而胡乱制作封面，这样容易让用户产生认知模糊，从而流失用户。

四、选择合适的音乐

BGM是短视频的灵魂。一首适合的背景音乐，不仅可以先声夺人抓住用户的耳朵，还有可能起到锦上添花、化腐朽为神奇的效果。要想玩转短视频运营，短视频背景音乐一定要选好。

1. 选择 BGM 的要求

不同的视频账号、不同的产品，有不同的受众，而不同的受众对于音乐的喜好是不同的。所以在进行短视频背景音乐选择的时候，一定要根据受众群体，选择最适合的，具体要求如图6-5所示。

符合账号类型

符合内容形式

符合产品特性

图 6-5　选择 BGM 的要求

比如，美妆护肤类的目标消费群体主要是年轻女性，可以选择一些流行音乐。又如，男士穿搭类，如果目标人群是二十岁左右的男孩，可以选择一些炫酷的流行音乐；如果目标人群是中年男性，可以选择一些励志的背景音乐。

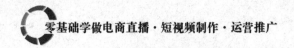

2.选择 BGM 的注意事项

（1）注意视频感情基调

BGM 的选择，要符合短视频整体的内容和想要传达的情绪，要与整体的感情基调一致。一本正经的法律知识科普，配上特别欢快的音乐，就会显得很怪异。

（2）注意视频整体节奏

除了叙事、偏情节类的视频外，大部分短视频的节奏和情绪都是由背景音乐带动的。视频节奏和音乐匹配度越高，画面代入感越强，所以选择背景音乐之前，要分析一下视频的大致节奏。这样才能让素材和音乐更完美地融合在一起，让视频剪辑出来后更有看点。

（3）不要让音乐喧宾夺主

背景音乐的作用是画龙点睛，要有一种"虽有似无"的感觉，切勿让其遮盖了内容本身的锋芒。

第二节　短视频推广方式

流量是短视频的基础，决定着互动数、粉丝数，甚至变现。对于短视频运营者来说，要想获得更多的流量，就要做好短视频推广与引流工作。短视频推广与引流既要遵循短视频平台的推荐价值，又要借助一定的技巧和工具，双管齐下。

一、硬广投放

硬广投放是目前短视频平台中最简单直接的投放方式，指的是通过付费的方式来曝光产品，即优化师口中的"买流量"，也是直营电商最常用的营销手段。

下面以抖音为例，简要介绍硬广投放的方式和付费渠道。

1. 抖音广告投放方式

（1）标签化投放

抖音利用大数据信息，通过用户智能数据，分析他们的喜好，进行品牌人群的精准分类与定位，并开展标签化、年龄化、地域化营销投放。

（2）利用抖音平台投放

利用抖音平台投放的方式主要有表6-1所示的几种。

表6-1　利用抖音平台的投放方式

序号	投放方式	具体说明
1	开屏广告	开屏广告是抖音平台的第一道入口，可以利用短视频展示出来，加深用户对抖音广告的印象
2	抖音信息流GD单页广告	通过短视频方式，可展现样式原生、竖屏全新的视觉体验。账号关联强聚粉与用户分享、传播等，可让广告效果更加明显
3	抖音贴纸	连续购买品牌定制的抖音贴纸，如2D脸部挂件贴纸、2D前景贴纸，并随机投放不同位置，可保持一定的新鲜度
4	信息流广告	抖音短视频信息流广告分为大图、小图、视频、文字等多种形式，可满足不同消费者的需求
5	定制广告	可以与代理商洽谈，由他们定制广告内容形式，吸引用户的关注

（3）找专业的抖音代运营团队

抖音短视频的洪波需要以最快的速度抓住，所以可以找专业的抖音代运营团队，他们会根据广告主的产品特点及用户的兴趣点，站在用户的角度创建新颖的广告内容。

2. 抖音付费推广的渠道

抖音付费推广的渠道有以下两类。

（1）抖音竞价广告

抖音常见的广告形式有开屏广告、信息流广告、贴纸广告等，这几种广告的投放位置是有限的，需要竞价投放，即谁出价高就能得到更多的展现机会，所以他们都是竞价广告。这几种广告的计费方式目前主要有表 6-2 所示的三种。

表6-2　抖音竞价广告的计费方式

序号	计费方式	具体说明
1	CPC 计费	CPC 是 "Cost Per Click" 的英文缩写，即按点击付费。一般而言，只有兴趣用户才会点击广告进行观看，这样一来，每一个点击的用户都是一位潜在客户，每次点击的付费都是有价值的付费
2	CPM 计费	CPM 是 "Cost Per Mille" 的英文缩写，即千人成本的意思，是每达到一千人所需支付的费用。一般为展示类广告，偏重曝光，适合在短时间内大量展现推广需求
3	CPT 计费	CPT 是 "Cost Per Time" 的英文缩写，即在 24 小时内的任一时段投放广告，而且无论广告展示多少次，都只收取一次的费用。这种方式更多用在 APP 移动应用方面，尤其是手机游戏、社交移动应用、工具类移动应用等

（2）抖音 DOU+

DOU+ 是抖音平台推出的一款内置于抖音 APP 的视频加热工具，可以将视频推荐给更多的兴趣用户，并提升视频的播放量与互动量，是抖音付费推广中较热门也较为简单的方式。该方式可以将视频、商品或者直播精准地推荐给账号所选择的特定受众群体。

 相关链接 ‹..........

短视频平台的推荐机制与原理

1. 短视频平台的推荐机制

通常情况下，短视频的推荐机制从短视频上传开始算起。基于短视频平台每天会收到数量庞大、内容质量参差不齐的短视频，为了给用户带来良好的内容消费体验，短视频平台会利用设定好的系统对新投放的短视频进行初审。系统首先会通过大数据分析，设置一些敏感词汇进行检测，保证短视频的基本内容不出现违规、低俗等内容。这属于系统性风险检测，是一个绝对硬性的指标，也是短视频运营者永远不能触碰的底线。

当内容不符合平台规范时，短视频将被退回不予收录，或被限制推荐（限流），严重者会被封号。常见的违规问题包括带有广告推广信息、标题党、封面党、低俗、虚假、传播负能量等。如果上传的短视频包含敏感或禁忌内容（包括文字、话题），会被系统识别并退回。

除了检测内容外，有的短视频平台还会检测音乐。例如，抖音会对音乐进行检测，主要基于以下两个目的。

一是对没有版权的音乐进行限制。抖音会给用户发出站内消息，提示短视频所用的音乐没有版权，已经被限制分享。

二是将短视频中使用的音乐打上标签，比如使用了某热门音乐，这也是为什么用户在刷抖音短视频时，常常会连续刷到使用相同背景音乐的短视频。当系统识别到短视频内容和音乐没有问题时，短视频会在平台上线，系统也会开启第一次推荐。需要强调的是，有的短视频内容虽然没有违规，但是短视频画面与别人的短视频画面相似度太高，平台此时也不会推荐，或者将此设置成低流量推荐、仅粉丝可见或仅自己可见。

2.首次推荐机制

系统进行首次推荐时，会先小范围地推荐给可能对短视频标签感兴趣的人群，数量在300～500人。这些被推荐的人可能是短视频运营者的通讯录好友、账号粉丝、关注这个话题或标签的用户，也可能是同城附近位置、系统随机分配的用户。这也是有时短视频用户会接收到内容互动率几乎为0（没有播放量、没有点赞量和评论量）的短视频的原因。

当系统给出第一波推荐后，会根据推荐量和播放量，对刷到短视频的用户的反馈进行检测和统计。如果用户的反馈比较好（比如完播率比较高，用户会点赞、评论或转发等），系统会判定该视频在第一个推荐池中的表现为优秀，然后开始第二次推荐。

3.分批次推荐机制

分批次推荐是指平台对短视频分不同的批次进行推荐。首次推荐给用户后的反馈数据将对下一次短视频推荐起决定性作用。如果首次推荐的反馈较好，平台就会进行第二次推荐、第三次推荐……相反，如果首次推荐的反馈数据不理想，那么平台就会停止推荐。因此，分批次推荐机制的核心是，下一次推荐量的高低取决于上一次推荐之后的反馈数据。

如果短视频经过系统的多次推荐后，已经拥有几十万甚至上百万的播放量，系统一般会采用手段，对这些高播放量的短视频进行人工干预检测。对于内容优质、符合正确价值观和平台调性的短视频，平台会进一步推荐，使其成为大热门视频。总体来说，短视频平台的推荐机制，是基于人工智能的算法，根据用户的兴趣，精准地推送他们感兴趣、喜爱的短视频。

推荐机制的本质，就是从一个巨大的内容池里，给当前用户匹配可能感兴趣的视频。信息的匹配主要依据三个要素，即用户、内容、感兴趣。

二、内容植入

短视频植入式广告的制作相对简单，植入方式日趋丰富，传播主体日益多元化，广告传播效果明显，是广告与新媒体结合后的传播新方式。

1. 台词植入

台词植入是演员将产品的名称、特点等简单直白地传达给用户。这种方式在综艺节目中很常见，也是广告植入方式中最直接的一种，很容易得到用户对品牌的认同。不过，在进行台词植入时一定要注意自然衔接。

2. 道具植入

这种方式是广告植入中最简单粗暴的方式，即直接将产品以道具的方式展示在用户面前，刷存在感。需要注意的是，不要太频繁地给产品特写镜头。

3. 场景植入

场景植入主要是将产品作为视频内容的道具或者背景进行植入。其最大的好处就是，能放大产品或服务的某一方面优势，从而加深其在用户心中的印象。

这是目前最常见，也是最受大众欢迎的广告植入方式。一般来说，这样的广告植入都有一个特定的主题，并结合情景铺垫与渲染，将产品融入故事情节中，成为剧情中的一部分。

小提示

与道具植入直接将产品展示在用户面前不同的是，场景植入是将产品融入场景背景中，通过故事情节的合理逻辑线条自然展示出来。

4. 体验植入

体验植入就是自己亲身体验后向用户讲述产品，常见于美食、服装、美妆之类的视频。

比如，美妆博主在进行化妆教学或沉浸式卸妆时，会给产品一定的曝光，再加上亲身示范起到的效果，从而加深粉丝对产品的印象；同样，美食博主也会对产品进行一定的展示。

通过产品展示、使用体验、使用教学及"种草"推荐等，可在不知不觉中加深用户对产品的记忆，极大地刺激用户的购物欲望。

5. 对比植入

对比植入通常是指将剧情植入与场景植入结合起来，此类广告视频往往更隐性，多见于美妆推荐类账号。

6. 话题植入

话题植入是指在视频的标题栏直接参与或自建一个与产品相关的品牌话题，即带"#"的标签，此类植入更直接，更能让用户快速掌握品牌的相关信息。

从效果上来说，新建话题所获得的流量并不精准。由于没有选择过往的话题，也就意味着没有有效利用"编辑推荐"的流量优势，系统会随机地将视频推荐给与该账号粉丝画像比较接近的用户。

7. 标题植入

因为短视频的标题往往有解释引导的作用，所以选择标题植入时，视频内

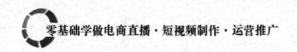

容也应有相应的产品植入，标题和内容要保持一致。另外，在描述性文字中也可以适当加些趣味性或悬疑性的语句，让产品植入生动起来，从而使用户不会过于排斥此类植入。

三、内容定制

从内容层面出发，内容定制的逻辑与传统广告的思路类似。不同于传统广告的时长较长、传播途径单一，内容定制的视频广告更加短小精悍，爆点更加密集。比起品牌信息的传达，创作者更希望自己的视频内容成为一则有趣的故事，从单一的短视频平台走出来，达到二次、多次传播的效果。

四、与KOL合作

KOL 是英文 Key Opinion Leader 的缩写，意思是关键意见领袖。从双微时代至今，KOL 完成了一轮又一轮的新老迭代，他们通常被定义为拥有更多、更准确的产品信息，而且被相关群体所接受或信任，并对该群体的购买行为有较大影响的人。

如今，随着新媒体平台更加广泛化，短视频用户快速增长，以抖音为首的短视频 KOL 达人接连走红，不断有新的 KOL 达人出现在大众面前，并快速积累粉丝。

这些 KOL 达人走红后，通常会将自己的影响力、流量通过直播、广告、内容、带货等方式变现。在短视频的巨大流量和先进算法面前，很多商家也发现了提高短视频传播和变现效率的秘密，更加愿意与短视频 KOL 达人进行合作。

1. KOL 达人推广效果

如今的 KOL 达人随着互联网的发展不断发生着变化，不仅 KOL 达人的数量越来越多，涉及的类型、行业细分也越来越垂直化，如美妆、时尚、健身、亲子、美食、宠物、旅游等。商家一般可以根据自己产品的属性来选择合作的 KOL 达人。

近些年，很多崛起的新品牌与转型升级的老品牌，都通过大数据筛选 KOL

达人，精准定位目标流量，带动口碑转化，让品牌获得新的曝光度，实现销量暴涨甚至脱销的推广效果。

2. KOL 达人传播效果最大化

在短视频平台上成长的 KOL 达人能够得到平台的算法支持，再加上较强的优质内容产出能力，使得他们能够迅速积累数量庞大的粉丝，并且影响忠实粉丝的购买行为，从而实现较高的转化效果。因此，KOL 达人的传播推广能力还是非常可观的。而商家要做的事就是，筛选出适合自己品牌和产品的 KOL 达人，并与其建立合作关系。这个筛选过程，并不是直接找顶流 KOL 达人就能获得最高的传播和转化效果。

一方面，目前头部 KOL 的曝光量和影响力确有一定基础，但合作费用并不低，动辄几十万甚至上百万元，多数品牌预算难以承担，并且如此投放的传播和转化效果未必最好。

另一方面，如今 KOL 的领域划分十分细致，选择 KOL 达人后如果只看影响力和知名度，则粉丝受众的属性与品牌缺少关联，虽然最终曝光数据可能不差，但达不到转化目的。

因此，商家需要根据营销目标制订合适的推广方案，选择合适的 KOL 达人，并与其合作。

 小提示

与 KOL 达人合作是当前非常热门且效果不错的推广方式，并且已经产生了很多成功案例。想要尝试的品牌或商家如果没有经验且希望进行投放，建议寻找有实操经验的专业代理机构，避免出现无效投放等浪费预算的情况。

五、多渠道推广

创作者要想让自己的短视频被更多垂直领域外的目标用户群体所了解，就要在短视频平台之外的其他平台同步分享并推广，从而扩大短视频的传播范围。

除了各大短视频平台外，创作者可以利用的渠道主要有微信、QQ 群、微博、今日头条等。

1. 微信推广

通过微信为短视频引流是一种很有效的方式，随着微信的普及，其越来越多地成为人们社交的必备软件，所以利用微信推广势在必行。

一般来说，利用微信推广的方式主要有以下几种。

（1）朋友圈推广

一种是直接将制作好的视频转发到微信朋友圈；另一种是在朋友圈发布短视频信息，用好的文案吸引大家去相应的短视频平台点赞并关注。

（2）微信公众号推广

短视频创作者可以创建属于自己的公众号，在公众号内定期发布短视频或者优质文章。如果你的文笔够好，公众号被转发的次数就会更多，那么你的知名度也就更大。同时，还可以和其他的公众号联手合作，一起提高短视频的曝光率。

2. QQ 群推广

与微信群相比，QQ 群有一个重要的优势，那就是它有许多热门分类，创作者可以查找同类 QQ 群并加入，在群内进行短视频推广。

3. 微博推广

创作者在微博上推广短视频时，主要使用它的两种功能，即"@"功能和热门话题功能。创作者在微博上可以"@"名人、媒体或企业，如果他们回复了，创作者就能借助其庞大的粉丝群扩大自身的影响力。微博的热门话题和热搜是一个制造和发酵热点信息的地方，也是微博用户非常关注的地方。

创作者在微博上推广短视频时，还可以借助与内容相关的话题，添加"#"标签，同时在微博正文中阐述自己的看法和感想，从而借助热点提高微博的阅读量和短视频的播放量。

4. 今日头条分享

创作者在今日头条上发布短视频之前要查看平台热点，找出与将要上传的短视频相关联的热点关键词，并根据热点关键词来撰写短视频的标题，以提高短视频的推荐量。

在确定短视频标题时，尽量不要使用语义含糊不清的文字或者非常规用语，以免增加机器的审核障碍。

5. 小红书推广

小红书是一个生活方式分享平台和消费决策入口，随着这几年的不断发展，已经有了庞大的粉丝群体。在用户眼中，小红书是一个真实的分享平台，具有高度的黏性，用户对小红书也高度信任。

作为运营者，要想在小红书获取较大的流量，做好发布笔记才是硬道理。很多素人用户正是依靠优质的小红书笔记而成为小红书 KOL。短视频创作者可以制作一些有创意且实用度高的视频笔记，来吸引更多的流量。

6. 哔哩哔哩推广

哔哩哔哩（简称 B 站）平台从一个自发萌生的小社群发展成现在的大型视频互动平台，其发展实力以及粉丝群体是不容小觑的。哔哩哔哩集中了很多年轻的用户群体，影视、动漫、音乐、体育、饭圈等内容在该平台形成了近 200 万个文化标签，是很多网络流行内容的发源地。

哔哩哔哩有着巨大的流量，短视频创作者利用平台流量推广自己的视频，会有不错的效果。

小提示

在视频推广的过程中，可以将短视频同步至多个自媒体平台，并配上大多数人感兴趣的或者别具一格的文字，以吸引更多人的目光。自媒体并不似传统媒体那么刻板，它会运用多种方式增加曝光度，以达到推广的目的。

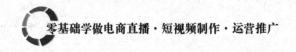

第三节　短视频粉丝运营

短视频创作者要想让自己的作品成为爆款，除了打造优质内容外，还要懂得利用各种方式为短视频"吸粉"。短视频创作者应做好粉丝运营，这样才能获得众多粉丝的关注和支持，让短视频被更多人看到，使短视频账号被广泛关注和传播。

一、保持更新频率稳定

现在是一个信息时代，互联网事件五花八门，热搜不断，倘若我们的账号不能长期稳定地更新内容，则很容易被取代。只有定期定时地更新才能保障账号持续的活跃性，避免被粉丝遗忘。保持较高的更新频率是短视频团队初期积累用户的必备技能之一。

1. 更新频繁且稳定

相对稳定的更新频率更有益于账号权重的提升。

如果是个人运营，为了保持账号的活跃度，并保证视频内容能够精准地推送到感兴趣的粉丝，可一周更新三至五次。这个次数，既能让粉丝知道这是个活跃账号，也能有足够的时间来打磨视频内容。

小提示

在时间与精力允许的前提下，可每天更新一条或多条内容，也可隔天更新，或是每周更新三条。千万不要在第一周更了七八条，而第二周一条也没有。

2.发布时间很重要

在抖音圈里,流传最广的黄金发布时间,可用四个字来总结,即"四点两天"。

所谓"两天",是指周末两天。

所谓"四点",是指周一到周五的四个时间段。

(1)7~9点

在这个时间段,大多数人可能刚刚睡醒,也可能正在吃早餐,或者在通勤的路上,他们都喜欢拿出手机来刷刷短视频,看看今天有什么新鲜的内容。

(2)12~13点

这个时间段,上午的工作告一段落,人们大多在吃午餐或者午休,于是趁机看看短视频。我们选择在这个时间段发布短视频的话,被粉丝看到的概率也会更大一些。

(3)16~18点

这个时间段,人们经过了长时间的工作,大多会选择休息一下,而且此时,大家的工作也都完成得差不多了,自然会停下来刷刷短视频。

(4)21~22点

这个时间段,人们下了班,吃完饭,就会躺着刷刷短视频,打发一下时间。

以上这些时间段仅作为参考标准,你需要尝试在不同的时间段上传视频,找到粉丝最活跃的时间段,最后固定下来,形成独有的推送习惯。

二、引导粉丝点赞与评论

点赞和评论关系着平台对视频的推荐量。如果一个视频的点赞和评论人数比较多,系统就会认为这个视频是优质视频,从而给出更多的流量。那么,我们该如何吸引粉丝评论呢?

1.主动去引导用户

很多人一直闷头发视频,根本没有去思考怎样提升视频的推荐量,这样做缺少了运营的思维。无论在哪个平台上,用户都是存在惰性的,我们只有主动

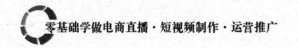

去引导用户，他们才会按照我们的要求去点赞、评论和转发。

2. 优先引导用户点赞

我们在引导用户做我们想要的"动作"时，用户一般只会做一个"动作"，要不就是点个赞，要不就是评论一下，或者转发一下视频，很少有人同时点赞、评论、转发。因此，在引导用户的时候，可以优先引导用户点赞我们的作品。

3. 怎样在视频中引导用户

应该怎样在视频中引导用户？最常规的做法就是在视频中求赞。其实这样的做法一次两次还可以，但是每次都这样的话，会起到一种反作用，用户会对你的视频产生反感。

那么如何不引起用户反感呢？第一就是"问对方"，即在视频中表达出一个观点，问用户是什么看法，这个时候就会有很多人去评论你的视频。第二就是"让用户选择"，即在视频中表达出两个不同的观点，让用户去选择其中的一个，这个时候用户会自然而然地评论你的视频。

三、积极回复粉丝评论

评论区是提高播放量、账号首页打开率，形成粉丝转化的重要运营环节。因此，我们要运营好自己的评论区，其要点如下。

（1）短视频创作者要与粉丝进行互动，尽可能在第一时间回复粉丝的评论。

（2）短视频在刚发布时，评论量比较少，这时短视频创作者可以自己撰写评论，通过其他账号评论、好友评论等方式进行评论预埋。

（3）并非所有评论都是必须回复的，例如广告信息，评论者往往只是无目的性地在平台与账号下面进行宣传，对于作品的传播没有积极意义，短视频创作者无须回复。而对于一些希望共同探讨，或者真心求教的评论，短视频创作者应及时回复。短视频创作者还可以将高质量的评论置顶，以引导粉丝产生更大范围的互动。

（4）评论区中有时会出现粉丝言语过激、语气尖锐的情况，这时短视频创作者切不可"针尖对麦芒"地无情回击，而是要顺着粉丝的思路与其互动，显示出自己按照粉丝的期望不断改进的决心，增强他们的期待感。

（5）除了在评论区回复，短视频创作者还可以对粉丝的评论信息进行整理，以便在下一条短视频中给予整体答复。当短视频账号发展到一定阶段后，短视频创作者可以就粉丝评论单独开通一个问答环节，这样可以极大地增强粉丝的参与感。

第四节　短视频商业变现

商业变现是短视频创作者的原动力，也是永恒的主题。当下的短视频非常火爆，很多人都参与进来，想要通过短视频来变现。目前，短视频商业变现主要有以下几种模式。

一、广告变现

每个产品在创立之初都有自己的变现方向，但是，所有的变现方式中广告变现最简单直接，只要你有用户就可以实现广告变现。

广告变现的方式就是在短视频平台上进行广告植入或纯广告拍摄，把产品或者品牌嫁接到短视频上的变现形式。

1. 广告植入

广告植入的形式在短视频平台上已经司空见惯了，其特点是，以短视频内容为主，在中间穿插产品或者品牌广告。把视频内容和产品广告融合在一起，在用户看短视频内容时，进行广告插入。这种广告植入的形式可以让观众更容易接受。很多搞笑类的短视频都是用这种方式进行广告植入。

小提示

广告植入时，必须要关注用户的体验。现在的短视频互动性更强，用户参与度更高，广告产品是否正规，产品本身是否会影响用户的体验，都是变现过程中必须把关的问题。

2. 纯广告拍摄

纯广告拍摄形式不同于广告植入，它是利用博主的人气来为产品量身定做广告。这种形式的拍摄目的性强，可以把产品信息直接传达给受众人群。这种变现形式，在操作的时候要充分了解产品的特点以及品牌的需求，根据自己短视频账号的定位来进行产品定制化内容的传播。

在视频内容上需要注意的是，既然是纯广告拍摄形式，内容一定要有吸引力，用户看完才能达到宣传的效果。对短视频感兴趣的用户看完后转化的概率更大一些，转化率大，利润自然就越多。

二、电商变现

电商变现是通过发布短视频，为一些店铺导流实现销售，然后从中取得一部分收益。这些店铺可以是自己的自营电商，也可以是淘宝店铺。

相关资料显示，在淘宝、拼多多等平台增加了短视频的功能后，成功地帮助产品提高了 20% 的转化率，可见，短视频给企业带来了巨大的收益。

如今，各个短视频平台都已经在电商行业布局，如抖音小店、快手小黄车、直播带货等，都能够帮助创作者实现收益。短视频通过电商变现，真正践行了"内容即广告，广告即内容"的创作真谛，让原本泾渭分明的两者如今实现了完美统一。只要创作者与用户之间互相信任，电商变现的模式就会成为创作者最适合的赚钱模式。

三、直播变现

直播的变现模式逐渐清晰、多元化，在初创期，直播平台的内容以及变现模式都较为单一，变现主要依靠用户打赏来分成；而在成长期，以导购分成为代表的增值业务、广告业务，特别是直播带货和直播教学等业务也逐渐壮大。

1. 直播间打赏

用户打赏是目前最常见的一种直播变现方式，很多直播平台和主播都是以用户打赏为主要的收入来源。用户一般是以礼物的形式进行打赏，而礼物则是用户花钱购买兑换出来的。用户打赏体现了用户参与直播的积极性，同时也是主播直播的动力。

2. 承接广告

一些主播拥有一定的名气或者大量的粉丝，不少商家就会看中直播间的流量，委托主播对他们的产品或品牌进行宣传，并给主播一定的推广费用。这种变现方式的广告是主播私下接的，平台不参与分成。当然平台也可在 APP、直播间、直播礼物中植入广告，按展示点击结算费用，实现变现。

3. 直播带货

直播也可与电商相结合，主播在介绍商品时，有需求的用户则可以点击链接进行购买，这种营销方式是目前直播里面最常见的。直播带货最重要的就是主播的表现，表现生动、描述细致且具有个性和特点，才能让观看的用户印象深刻；还有就是产品的卖点、价格等方面。直播带货体现了流量价值，使企业的互联网营销市场与直播直接连接起来。

小提示

　　一般的大主播都有品牌方上门合作。粉丝量小的主播则是自己寻找货源，然后通过卖货赚取相应的佣金提成。

4. 企业宣传

由直播平台提供技术支持和营销服务支持，企业可进行发布会直播、招商会直播、展会直播、新品发售直播等多元化直播服务，打造专属的品牌直播间，助力企业宣传，实现信息传递的互动性、真实性、及时性。

5. 内容付费

目前，市场上的直播模式多种多样，一对一直播、在线教育等付费模式的直播逐渐流行起来。付费模式对直播的私密性要求更高，粉丝通过购买课程、计时付费等方式进入直播间观看。付费直播内容的质量相对较高，可以有效地留住粉丝，为平台和主播增加新的变现方式。

四、内容付费

在内容付费的大趋势下，已经有很多文字、语音问答付费的案例。相对于文字、语音而言，短视频的信息承载能力更强。

目前来看，短视频内容付费主要有以下几种方式。

1. 订阅打赏

随着打赏功能的出现，越来越多的人开始为自己喜欢的短视频或一些求助信息付费。打赏模式是目前比较常见的直播及短视频盈利模式。这种模式主要通过粉丝对主播或短视频创作者进行打赏获得收益（通常平台还要分走一部分打赏）。粉丝数量和质量对打赏收益的多少将产生直接影响，要想获得高收益，就必须注重粉丝数量的积累和质量的维护。

除了拥有粉丝数量和质量基础之外，直播与短视频的内容也是获得打赏收益的重要基础。这就需要创作者不断地创作出粉丝喜爱的短视频内容，并把握好短视频的更新频率。对于才艺、知识等类型的主播以及直播达人，打赏是一项重要的收益。同时，打赏也给平台带来了巨大的收益和流量。

2. 购买特定内容产品

购买特定内容产品被广泛应用于长视频和音乐内容平台。短视频内容付费能不能像直播打赏、长视频和音频付费那样让用户形成购买习惯，主要得看两点：一是能否持续输出高质量的内容；二是能不能解决用户的问题，从而让用户愿意掏钱购买。

3. 付费直播

直播中的连麦付费或付费收看，已经成为新媒体短视频平台继直播带货后的又一个新的经济增长点，它一方面契合了知识付费的大趋势，另一方面又是对流量变现途径的全新探索。

2022年3月7日，抖音曾连续举办持续一周的付费连麦活动，用户在观看直播时可选择付费与主播连麦，连麦的时间和价格由主播决定。而早在2022年1月24日，微信视频号已上线首个付费直播间，直播内容为NBA常规赛。进入直播间后，用户可免费观看3分钟，3分钟后需支付90个微信豆（1元=10个微信豆）才能继续观看，也就是说观看一场NBA直播需要9元钱。2022年2月，视频号又让更多用户加入付费直播内测活动，使用权限逐渐对外释放，并面向所有运营者。2022年3月，视频号创作者开通付费直播已无门槛。

而快手在2020年之前就开辟了"付费精选"，其中就包括付费直播、付费短视频以及付费录播课程。目前，快手的付费内容广场上，不仅有热门课程、热门娱乐，还有付费录播与付费直播。其中，付费直播频道下多个类目的直播预告，价格从几元到几千元不等，用户可免费试看3分钟。创建付费内容，需要发布10条原创视频、有800个粉丝，进入门槛不高，对内容的要求同样如此，简单的做饭视频也可以成为一场付费直播的主题。

目前看，付费直播体现出一定的"钱景"，但体量尚不足以与直播打赏和直播带货比肩。究其原因，有两个门槛制约了其发展，一是相比直播和拍短视频，连麦更考验主播的随机应变能力，这或许是很多主播不愿意尝试的原因。二是以上平台娱乐色彩浓重，缺乏知识付费的土壤，还有很长的路要走。

五、IP价值衍生变现

近年来，各个短视频平台都有许多个体IP异军突起，他们通过打造个体IP，把自己延展成一个团队，逐渐生长成了一个生态和一种产业，实现了个体和团队的价值增值。

目前，利用IP价值衍生变现的方式主要有以下两种。

1.版权变现

IP的版权主要包含剧集版权（即电影、电视剧、网剧版权）、动漫版权、话剧版权、有声书版权等。

对于短视频创作者来说，版权变现的途径主要有图6-6所示的两种。

自我使用IP版权

根据自己的版权内容著作出书，或者借助IP的影响力打造影视化节目，从而实现IP版权变现

IP授权或转让版权

短视频创作者可以将自己打造的IP形象或版权内容授予他人，从中收取版权费

图6-6 版权变现的途径

2.开发IP周边产品

IP衍生品，也称周边产品。顾名思义，IP衍生品是围绕某一个特定IP，将其中的鲜明特征衍生出来，产出具有商业价值的产品。IP衍生品开发的过程实际上就是对IP潜在资源进行挖掘的过程。

比如，网络红人朱铁雄在2022年五一前夕推出数字藏品"朱铁雄—铁马""朱铁雄—醒狮"，此次推出藏品共2698件，售价分别为19.9元和59元。朱铁雄以国风变装在短视频平台走红，他用天衣无缝的数字技术，将热血与浪漫注入传统文化中，绮丽的国风造型与民族故事，让他的抖音账号仅发布了10条视频便揽获700多万粉丝，并登上央视平台，被各大媒体争相报道。

小提示

IP形象是前提基础，打好前期的基础才能有更大的IP衍生品变现能力。

六、平台渠道收益

平台渠道收益主要有以下几种模式。

1. 渠道分成

短视频平台之间的竞争，实际上是背后强大资本的较量，谁拥有强大的资本，谁就能在市场上共享一杯饮料。自互联网巨头纷纷进入游戏以来，各种平台补贴政策层出不穷，这对短视频团队来说绝对是大大的福利。因为各大渠道平台的扶持计划实则为短视频团队提供了更多变现的可能，即通过渠道分成来变现。而且，对短视频原创团队来说，在初期获得渠道分成是最直接的收入和变现来源。

2. 签约独播

签约独播是指由短视频平台向内容创作者支付一笔费用，与其签订法律合同，该内容创作者的所有短视频都必须在该短视频平台上独家播放。短视频内容创作者选择签约独播模式的优势在于能够直接获得一大笔收益，并在一段时间内有稳定的内容输出渠道；缺点则是不能获得其他短视频平台的支持，且单一的流量渠道可能限制短视频的传播范围，无法获得更多的经济收益。

3. 参与平台有奖创作活动

各大短视频平台为了激励创作者的创作热情，鼓励创作者生产更多的优质作品，会不定期地发布各类有奖创作活动。创作者参与活动后，按照规则创作短视频。如果短视频作品能够脱颖而出，获得活动举办方的认可，创作者就能从活动中获得相应的奖励。

比如，为了推动平台创作者生态进一步繁荣，快手持续推出各领域创作者的激励计划，以流量扶持和现金奖励助力创作者不断生产优质内容。2022年12月的快手生态开放大会上，快手推出"聚力计划"，将在一年内通过佣金翻倍等计划，扶持百万优质达人。

第五节　短视频数据分析

数据化运营是一种科学的运营方法，通过专业的数据分析，短视频创作者可以了解自己短视频账号的运营状况，并根据数据分析结果调整与优化运营策略；同时还能了解竞争对手的运营状况，分析他们的运营策略，以指导自身运营。

一、短视频数据分析的作用

数据指导运营，运营建立在数据分析的基础之上。对于短视频运营来说，数据分析的作用主要表现在图6-7所示的几个方面。

图 6-7　短视频数据分析的作用

二、收集短视频数据的渠道

收集足够多的有效数据是开展数据分析的基础，短视频创作者可以通过图6-8所示的两个渠道来收集短视频的运营数据。

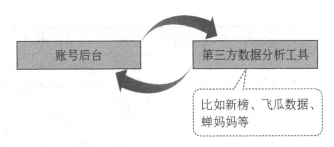

图 6-8　收集短视频运营数据的渠道

三、常用的短视频数据分析指标

短视频数据分析指标分为固有数据指标、基础数据指标和关联数据指标三大类。

1. 固有数据指标

固有数据指标是指短视频时长、短视频发布时间、短视频发布渠道等与短视频发布相关的数据指标。

2. 基础数据指标

基础数据指标主要是指播放量、点赞量、评论量、转发量和收藏量等与短视频播放效果相关的数据指标，具体如表 6-3 所示。

表 6-3　短视频基础数据指标

指标名称	释义	具体说明
播放量	短视频在某个时间段内被用户观看的次数，代表着短视频的曝光量	是衡量用户观看行为的重要指标。短视频的播放量越高，说明短视频被用户观看的次数越多
点赞量	短视频被用户点赞的次数	反映了短视频受用户欢迎的程度。短视频的点赞量越高，说明用户越喜欢这条短视频
评论量	短视频被用户评论的次数	反映了短视频引发用户共鸣、引起用户关注和讨论的程度

指标名称	释义	具体说明
转发量	短视频被用户分享的次数	反映了短视频的传播度。短视频被转发的次数越多，所获得的曝光机会就会越多，播放量也会增长
收藏量	短视频被用户收藏的次数	反映了用户对短视频内容的喜爱程度，体现了短视频对用户的价值。用户在收藏短视频后很可能会再次观看，从而提高短视频的播放量

3. 关联数据指标

关联数据是指由两个基础数据相互作用而产生的数据。关联数据指标包括完播率、点赞率、评论率、转发率、收藏率五个比率性指标，如表6-4所示。

表6-4　短视频关联数据指标

指标名称	计算公式	具体说明
完播率	完播率＝短视频的完整播放次数÷播放量×100%	短视频完播率越高，获得系统推荐的概率就越高
点赞率	点赞率＝点赞量÷播放量×100%	反映了短视频受欢迎的程度，短视频的点赞率越高，所获得的推荐量就越多，进而能提高短视频的播放量
评论率	评论率＝评论量÷播放量×100%	反映了用户观看短视频后进行互动的意愿
转发率	转发率＝转发量÷播放量×100%	反映了用户观看短视频后向外推荐、分享的欲望，通常转发率越高，越能为短视频带来更多的流量
收藏率	收藏率＝收藏量÷播放量×100%	反映了用户对短视频内容的肯定程度

四、短视频数据分析维度

短视频数据分析维度主要有以下两种。

1. 同 IP 下的短视频分析

同 IP 下的短视频分析是指短视频创作者对相同账号下的短视频进行分析，包括图 6-9 所示的几种方式。

图 6-9　同 IP 下的短视频分析方式

2. 竞品分析

竞品分析是指短视频创作者对竞争对手的短视频进行分析，了解竞争对手的短视频在哪些方面具有优势，自己的短视频存在哪些不足，从而不断优化自己的短视频内容。

短视频创作者可以按照图 6-10 所示的步骤进行竞品分析。

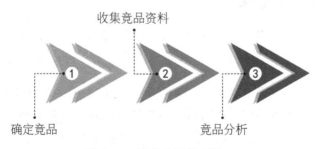

图 6-10　竞品分析的步骤

五、常用的短视频数据分析方法

1. 对比分析法

对比分析法又称比较分析法，是指将两个或两个以上的数据进行对比，并分析数据之间的差异，从而揭示其背后隐藏的规律。

对比分析法包括图 6-11 所示的三种方式。

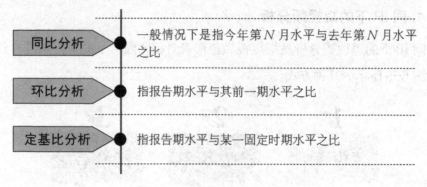

图 6-11　对比分析法的方式

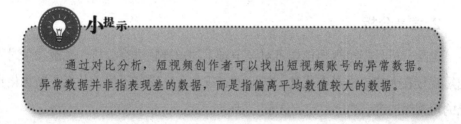

小提示

通过对比分析，短视频创作者可以找出短视频账号的异常数据。异常数据并非指表现差的数据，而是指偏离平均数值较大的数据。

2. 特殊事件分析法

特殊事件是指短视频平台规则发生变化，或者是短视频创作者变更发布短视频的时间、变更短视频发布的平台等，这些事件容易导致异常数据的出现。短视频创作者在记录短视频的日常数据时，也要记录这些特殊事件，以便在短视频运营数据出现异常时，能够找到这些特殊事件与数据变化之间的关系。

参考文献

[1] 王小亦. 短视频文案 [M]. 北京：化学工业出版社，2022.

[2] 龙飞. 剪映短视频剪辑从入门到精通 [M]. 北京：化学工业出版社，2021.

[3] 网红校长. 短视频流量密码 [M]. 北京：中国友谊出版公司，2022.

[4] 吕白. 人人都能做出爆款短视频 [M]. 北京：机械工业出版社，2020.

[5] 诺思星商学院，李新星，皇甫永超，王天珏. 短视频引流与盈利 [M]. 北京：化学工业出版社，2021.

[6] 罗建明. 零基础玩转短视频 [M]. 北京：化学工业出版社，2021.

[7] 卷毛佟. 拍好短视频 一部 iPhone 就够了 [M]. 北京：人民邮电出版社，2022.

[8] 徐浪. 抖音短视频吸粉、引流、变现全攻略 [M]. 北京：民主与建设出版社，2021.

[9] 刘川. Vlog 短视频创作从新手到高手 [M]. 北京：清华大学出版社，2022.

[10] 创锐设计. 短视频爆品制作从入门到精通 [M]. 北京：中国广播影视出版社，2021.

[11] 蔡勤，刘福珍，李明. 短视频：策划、制作与运营 [M]. 北京：人民邮电出版社，2021.

[12] 六六. 短视频其实很简单 [M]. 北京：人民邮电出版社，2022.

[13] 邹鹏程（千道）. 短视频直播电商实战 [M]. 北京：人民邮电出版社，2021.

[14] 郑志强. 手机短视频拍摄与剪辑零基础入门教程 [M]. 北京：人民邮电出版社，2022.

[15] 雷波. 手机短视频拍摄、剪辑与运营变现从入门到精通 [M]. 北京：化学工业出版社，2021.

[16] 周英曲. 短视频＋直播 [M]. 北京：电子工业出版社，2021.

[17] 吕白. 爆款抖音短视频 [M]. 北京：机械工业出版社，2021.

[18] 颜描锦. 短视频入门 [M]. 北京：化学工业出版社，2021.

[19] 泽少. 短视频自媒体运营从入门到精通 [M]. 北京：清华大学出版社，2021.

[20] 侯凤菊.短视频制作与营销全攻略 [M].北京：九州出版社，2022.

[21] 高军.短视频策划运营从入门到精通（108招）[M].北京：清华大学出版社，2021.

[22] 王冠，王翎子，罗蓓蓓.网络视频拍摄与制作 [M].北京：人民邮电出版社，2020.

[23] 刘庆振，安琪.短视频制作全能一本通 [M].北京：人民邮电出版社，2010.

[24] 李朝辉，程兆兆，郝倩.短视频营销与运营（视频指导版）[M].北京：人民邮电出版社，2021.

[25] 刘映春，曹振华.短视频制作（全彩慕课版）[M].北京：人民邮电出版社，2022.

[26] 王进，王慧勤.短视频运营实务（慕课版）[M].北京：人民邮电出版社，2022.